E. 11.
+A.a.

AF401963

1352

3098.

LA SOURCE, LA FORCE

ET

LE VÉRITABLE

ESPRIT

DES LOIX,

ESSAIS

DU COMTE J. DE CATANEO.

On y joint aussi

Un Essais sur l'origine naturelle des Gouvernemens Politiques dans la Société humaine.

PAR

LE MÊME AUTEUR

BIBL. RECUE IMPERIALE

A Berlin & Potsdam,

CHEZ CHRETIEN FREDER. VOSS.

1752.

A SA MAJESTÉ
LE ROI DE PRUSSE.

SIRE,

Les rapports sont si grands & si manifestes entre l'objet de cet Ouvrage, & les soins paternels que Votre Majesté a pour son peuple, qu'on comprend aussitôt, qu'il ne sau-

A 2

roit

roit appartenir qu'à Elle dans le siècle où nous sommes.

Ce que Votre Majesté vient d'entreprendre, & de faire exécuter pour
la réforme, & l'exécution des Loix
dans ses vastes états, nous dit hautement qu'Elle a puisé à la source, &
qu'Elle est saisie par la force, & par
le véritable esprit des Loix.

C'est V. M. qui a goûté le plaisir, & compris le devoir de faire le
bonheur de ses peuples, par la justice, par l'équité, & par la droi-
ture du cœur & de l'esprit, d'où
découlent la bonne foi du commerce,
& l'abondance : ainsi que tout le
monde l'avoue, & qu'il éleve par là
le Régne heureux de Votre Majesté
au plus haut dégré de la gloire.
Elle

Elle-même va au de là de tout ce qu'on pourroit imaginer; car ayant enchainé la Victoire à ses pieds, par des Armées les plus formidables, & par une conduite dont V. M. toute seule est la source: Elle n'en a été satisfaite, qu'après avoir rélevé tout ce brillant éclat, par les rayons les plus purs du soleil éternel de justice.

La rareté des exemples semblables dans les histoires, la précieuseté qui en dérive, & la moderation par laquelle V. M. en goûte les fruits divins, mettent le dernier comble, au véritable bonheur de ses peuples, & fixent une fois pour toutes, l'admiration, & l'applaudissement de toute la Terre.

A 3

Si

Si je la contenois toute dans mon cœur, je ne saurois être plus pénétré que je le suis, par tous ces sentimens-là, & par tous les respects, & les soumissions imaginables, par lesquelles je serai toute ma vie

DE VOTRE MAJESTÉ

A Venise,
ce 1 de Juillet 1750.

*Le très-humble très-obéïssant
& très-fidele Serviteur*

De Cataneo.

AVIS
AU LECTEUR.

C'eſt trop hazarder pour un Italien d'écrire en François, je l'avoue: mais qu'eſt-ce qu'on n'hazarde pas, pour le bien public? Le langage de la France eſt le plus commun en Europe, & le moins gêné, ce qui eſt fort honorable pour cette Nation docte & polie.

Il y a vint ans que j'ai un commerce continuel de lettres en François, dont je me ſuis tiré paſſable

A 4

ment

ment: mais c'eſt tout autre choſe d'écrire des lettres, & d'imprimer un Livre. Cependant il a bien fallû paſſer par-là, ſi j'ai voulû publier cet Ouvrage. Peut-être auſſi que les Auteurs ſur lesquels j'ai fait la plûpart de mes réfléxions, n'en auroient eu connoiſſance que ſur des rapports peu fidéles, ſi j'avois continué d'écrire en Italien, comme d'autres ouvrages que j'ai publiés : & j'aurois même paſſé pour indiſcret, de les attaquer par un langage qui leur eſt peut-être inconnu.

On dira ſans doute, que je n'ai pas un ſtile, ni la pureté du langage, ni l'Ortographe moderne. Eh bien, je l'avoue: mais je pourrai bien dire à mon tour, que ſi je ne me ſuis pas bien expliqué, c'eſt la faute d'un langage, qui ne m'eſt pas naturel.

Quand

Quand on ne me paſſeroit pas les excuſes que je viens de donner; je n'en ſerois pas moins juſtifié par l'empreſſement que je dois avoir de parler à mon Roi, un langage qu'il aime, & dans lequel il excelle: Car je ne ſaurois travailler, que je ne me propoſe ſon Royal ſervice, & ſa ſuprême approbation.

Je paſſe d'avance toutes les critiques qu'on me pourroit faire ſur la phraſe, qui ſentira ſans doute quelques fois l'Italien; ſur le ſtile qui ne ſe ſoutient pas également, & ſur les mots qui pourroient avoir vieilli: car les langages vivans ſont toujours comme les hommes des Platoniciens, *idem & alterum.* Quand on s'explique ſuffiſamment, c'eſt aſſez pour un étranger.

Je n'aurai pas une ſemblable indifférence pour la critique ſur les ſentimens;

timens ; & comme je tacherai de mettre à profit les lumières & les réfléxions des favans, qui perfuadent ; je ne faurois que faire de tous ceux qui ne favent pas bien s'expliquer eux-mêmes, & qui affomment par un amas indifcret d'autorités pedantesques, ou de raifonnemens frivoles.

Comme j'étois prévenu depuis fort longtems par le mérite de l'Auteur de *l'Efprit des Loix*, fur d'autres ouvrages de fa façon ; je ne tardai pas un moment de m'attacher à ce dernier, dont l'objet me parût éblouïffant. J'en trouvai l'entreprife magnifique, & digne du grand génie de l'Auteur : Grand nombre de penfées, & de raifonnemens juftes, ingénieux, favans, & nobles : quoique dans une fi grande carrière fon efprit fe délaffe quelques fois ; & bien

fousouvent il n'ose sécouer un certain joug qui le gêne.

Comme je ne m'attendois pas, qu'il soutînt le rôle d'un rigide Théologien, je n'ai pas été frappé de certaines propositions, qui ont choqué un scrupuleux Critique, faute d'avoir bien pris le sens des paroles, & l'intention de l'Auteur. Je serois bien faché qu'il me fût arrivé rien de semblable, dans quelques rémarques, que j'ai faites en passant, sur certaines propositions qui n'étoient pas de mon goût: Mais j'espère de l'avoir fait avec tous les égards qu'on doit à un savant d'une naissance, d'un emploi, & d'un mérite aussi distingué, que le sien.

Du reste, quand nous ne serions pas même d'accord, sur l'Article essentiel de la Religion révelée, à laquelle je m'attache inviolablement:
qu'im-

qu'importe? N'est-il pas permis de raisonner sur le Droit, sur la Politique, sur la Phisique, & sur la Morale aussi, avec des Philosophes payens, avec des Rabbins, des Muftis, des Gimnosophistes, & avec tous les savans de la Chine, & du Japon?

Ajoûtons, que ce seroit commettre une injustice criante, d'imputer d'irreligion, l'Auteur de *l'Esprit des Loix* après tout ce qu'il en a dit lui-même dans son grand ouvrage, & dans sa prudente Apologie, que je ne cesse d'admirer, par l'incomparable tranquilité, qu'il y soûtient. Il faut être bien sûr de son fait, pour se battre d'un si grand sang froid. Voilà tout.

LA SOURCE, LA FORCE

ET

LE VÉRITABLE

ESPRIT

DES LOIX.

ESSAIS

DIVISÉ EN TROIS PARTIES.

LA
SOURCE DES LOIX.
PRÉMIERE PARTIE

CHAPITRE I.

Il est de la derniere évidence, que la Nature humaine porte avec elle du moment de son existence, certaines dispositions & inclinations nécessaires, qui se développent peu à peu, à proportion que la machine du corps humain, prend une consistence convenable. C'est ainsi que l'Esprit, & l'idée du machiniste ne sauroit se manifester qu'à mesure, que les parties de la machine, qu'il forme, se perfectionnent, & s'emboitent de la façon, qu'il s'est proposée: quoique l'idée toute spirituelle, & le dessein précede la construction de l'ouvrage, qui en dépend, en même tems que l'exécution & l'effét dépendent réciproquement de la parfaite organisation du corps.

Les

Les fentimens, dont nous parlons, foit qu'on les appelle des idées innées avec les Platoniciens, ou des idées acquifes par l'éducation avec les Loockiftes, (car ce n'eft qu'une difpute de mots); ne font pas moins fenfibles & naturels à tous les hommes bien organifés, du moment qu'ils font capables de réfléchir fur leur penchant naturel. Tous les raifonnemens dont Mr. Loock s'eft fervi dans fon prémier livre de l'entendement humain, n'attaquent qu'un fantôme, auquel Platon n'a peut-être pas même penfé; puifqu'il s'oppofe directement à fon fyftéme de la préexiftence des ames humaines. Un Philofophe, qui bâtit fur ce fondement-là, & peut-être fur la Metempficofe Pythágoricienne, n'avoit pas tort de dire, que les connoiffances que les Ames paroiffent acquetir dans leurs corps mortels, ne font que des réminifcences des précedentes qu'elles devoient avoir acquifes préalablement. Mr. Loock devoit prouver que Platon foûtînt qu'originellement, & du moment de leur prémiere exiftence, toutes les Ames humaines étoient pourvues des idées qu'on n'appelle innées, que par rapport à l'application & jonction réiterée, que l'Auteur de la Nature fait des ames aux corps, par la génération materielle.

Peut-être auroit-il agi plus conféquemment, en attaquant la préexiftence des Ames, & la Metempficofe; ou bien la contradiction de certaines écoles, qui joignent les idées innées avec

la

doctrine d'Aristote. C'est là qu'il pouvoit étaler la force de son génie supérieur qui a si fort brillé en Angleterre, où on s'imagina, que sa manière de penser, & ses principes tout à fait materiels serviroient à renverser de fond en comble, tout ce que le Monde a cultivé de spirituel, depuis tous les siècles. Cependant Mr. Look a fait assez comprendre, que ce n'étoit pas là son intention, quoique l'effet n'y répondît pas mal : & il a hautement, & peut-être très sincérement, désavoué toutes les pernicieuses conséquences, qu'on a tiré arbitrairement de ses principes. Son grand *Essais sur l'entendement humain*, est sans contredit, le plus foible de ses ouvrages. Il ne bât plus que d'une aîle parmi les sçavans, & peut-être à l'abris du grand nom, que Mr. Look s'est acquis par d'autres ouvrages très sensés, dont il a honoré notre siècle.

La Préexistence des Ames, & la Metempsicose, font certains systêmes, qui ont de tout tems logé chez les hommes; & qui ne cessent point de revenir, malgré qu'on les chasse; à moins qu'une autorité supérieure, & une lumière toute céleste n'en efface les traces mêmes. S. Augustin tout bon chrêtien qu'il étoit, & bon Philosophe, ne paroît pas avoir réconnu ni cette autorité ni cette lumière imposante sur ces questions-là.

Il n'a pas osé décider là-dessus, & tout homme raisonnable avouera toujours, que ces que-

stions

ſtions ſont hors de la ſphère de l'activité humaine; & qu'on ſe bât en l'air en les admettant, comme en ne les admettant pas. Ce qui
eſt évident c'eſt, que ni l'une ni l'autre, ſont
néceſſaires pour établir la piété, la juſtice, & la
tempérance, qui peuvent uniquement nous
rendre heureux. Ceux qui ne demandent que
le libertinage, n'en ſont pas mieux avec la
Préexiſtence des Ames, & leur Metempſicoſe,
qu'avec le ſyſtème généralement adopté par les
ſcholaſtiques. Auſſi-bien depuis quelque tems,
ſe ſont-ils adonnés à la Pnevmachie, & ſe re-
tranchent-ils avec la dernière obſtination, au
Syſtème déſeſperé de l'Automatie, & du pur
Machiniſme.

Mr. de la M*, a donné l'eſſort à ſon imagination, par les deux ouvrages dont il eſt mal-
heureuſement l'Auteur, pour machinaliſer tout
à fait l'eſprit humain, ſur les traces du fameux
Des Cartes qui matérialiſa tout à fait l'eſprit
des Bêtes. Son *Homme Machine* contient des
abſurdités, & des paralogiſmes, qu'il ne déſa-
voueroit pas lui-même: car malgré toutes ſes
préventions, il ne manque pas d'eſprit, & de
ſincérité. Ses *réflexions ſur la vie heureuſe de
Seneque*, ne ſont qu'une ſuite de ſon premier
ouvrage, qu'on a condamné au feu à Paris,
ainſi que certains ouvrages parallèles, qui ont
parû dans ces derniers tems.

La liberté de penſer, & de produire les ſentimens les plus extraordinaires, pour attaquer
tout

tout le monde par les endroits les plus senfibles & les plus honorables, fait une planche pour tous ceux qui n'ont pas la lâcheté de fe laiffer brutalifer, & enlever la douce efpérance d'une éternité heureufe. Ce feroit paffer pour traître, que de refter fpectateur indifférent des attentats, qui ébranlent les bafes facrées du Trone: qui tariffent la fource des Loix; qui en détruifent la force: qui en matérialifent l'efprit: & qui s'ils pouvoient fe répandre une fois dans le monde, renverferoient tout d'un coup la fociété humaine.

CHAPITRE II.

Il ne faut pas beaucoup pour abattre le Syftême de Mr. de la Mᶜ. qui ne lui appartient, que par la hardieffe de le publier, & par les ornemens dont il a taché d'en remplir le vuide, & d'en couvrir la foibleffe. L'afpect affreux qu'il préfente d'abord, eft feul capable de révolter le plus indifférent. Qui pourroit fans frémir conclure avec cet auteur, qu'un Neron, un Caligula, un Domitien, un Commode, ne valent ni plus ni moins, qu'un Tite, qu'un Trajan, & qu'un Marc Aurele, puisque chaqu'un étoit une machine montée tout exprès pour faire ce qu'il a fait, fans pouvoir fe paffer de le faire. Les jardins délicieux de Verfailles ne font pas plus refponfables de leurs

déli-

délices au genre humain; que les roues & les échafauts de la Place de Greve, de leurs tourmens. Plus les prémiers Tirans ont éclaté par leurs cruautés, & par leurs débordemens détestables; plus ils méritent l'applaudissement général, ayant mieux répondû à leur mécanisme. Plus les seconds se sont-ils contraints dans leurs passions particulières, & se sont devoués au bien public, moins ont-ils laissé agir librement leur machine, & méritent par là le mépris, & la haine des hommes montés sur le ton de Mr. de la Mᶜ. En faut-il davantage, pour comprendre jusqu'à quel point son systême est abominable?

N'est-ce pas se moquer du Monde, que de mêler à toutes ces vilaines drogues, une dose de Société, pour en affoiblir l'atrocité? Sans avoir vieilli dans la Philosophie, on comprend aisément, que si toutes les machines particulières sont montées rélativement les unes envers les autres, pour former un Tout complet, c'est à dire une Machine générale, dont chaque particulière n'est qu'un membre & une partie; cela renverse de fond en comble tout le Systême. Chaque partie doit avoir nécessairement une liaison, & un emboîtement avec ses prochaines; aussi bien qu'une rélation essentielle avec la totalité des parties, & la forme universelle, qui mêt chaqu'une en place, & fait agir le ressort principal, d'où le mouvement, & la direction se communiquent, & se réciproquent incessamment.

ment. Pour lors chaque machine particulière,
n'eft plus montée pour elle - même: mais pour
tout le refte enfemble, qui compofe la forme
totale, & qui manifefte auffitôt un deffein, &
une Loi fupérieure, à laquelle toute la Machine doit correfpondre & obéir, pour fe conferver & produire fon effet, par une admirable harmonie. Sans cela elle fe détruiroit
elle-même, & chaque partie qui n'y répondroit
pas exactement, en troubleroit, & en arrête-
roit le mouvement, qui porte toutes les parties à remplir leur fonction, & leur miniftère: & cela la rendroit coupable à l'égard des
autres, & du Tout général.

Plus la Machine eft parfaite dans fon invention, moins il y doit avoir de parties inutiles,
& pas une fans une telle néceffité, & une telle
activité, qui la rende en même tems fuffifante
à elle - même, & à la totalité tout enfemble.
Mais cette fuffifance ne doit fe prendre qu'en
commun, & par la réaction réciproque de toutes les parties, même les plus éloignées : aucune ne fe fuffifant par foi-même, mais par le
concours, & l'influence des autres, ainfi qu'on
le remarque fi évidemment dans le corps humain, & dans la Société.

C'eft bien pourquoi on ne fauroit s'étonner
affez, qu'un Medecin moderne, qui ne fauroit
raifonner du corps humain, fur d'autres principes que fur ceux-ci, les ait ignorés ou aban-
donnés tout d'un coup, lors même qu'il ne

veut reconnoître que le corps aux hommes.
Peut-être que Mr. de la Me. n'ignoroit pas, qu'en
avouant une idée, un deſſein & une loi généᵣ
rale pour la Machine entière, cela impoſoit à
toutes les autres parties qui la compoſent, & à
chaqu'une en particulier, un office, & un devoir indiſpenſable, qui la rendroit criminelle en
le negligeant.   Il devoit bien ſe garder de ſuppoſer jamais, qu'aucune partie pût quelques-
fois agir d'une façon oppoſée, à l'objet général
de la Machine totale; & employer toute la force, & l'activité qu'elle en reçoit, pour renver-
ſer l'ordre qui la fait ſubſiſter, & ſe détruire
avec elle.

Il n'ignoroit pas non plus, que cette loi générale, autant que le deſſein, & le projet admirable de la vaſte Machine de l'Univers, ne
ſauroit être la Machine même, qui eſt toujours
telle qu'elle eſt.   Que ſans tomber en contradiction, on ne pouvoit ſe diſpenſer de la reconnoître antérieure & d'une tout autre nature
que la corporelle, & machinale qui obéït toujours; que cette loi ne décidoit, & ne gouvernoit pas moins la totalité de la Machine,
que chaqu'une des moindres parties qui la compoſent, par une ſupériorité néceſſaire.   Il n'y a
point de Machine au Monde, qui ne démontre
tout cela, avec la dernière évidence: & il ne
faut pas moins que renoncer à toute ſorte de
Mathematique, & de Phiſique, pour imaginer
une Machine univerſelle, compoſée d'une infinité

nité de Machines toutes également libres, indé-
pendantes, & détachées. Que si on leur attribue quelque harmonie, quelque liaison, les
voilà d'abord dépendantes, & soumises à une
loi générale, qui leur impose un devoir, du-
quel elles ne sauroient se dispenser, sans tomber en faute, & s'attirer un dommage inévitable. Enfin cet Auteur ingénieux pouvoit-il
ignorer, que si toute la Machine universelle,
n'est que le seul assemblage de toutes les particulières; il ne sauroit y avoir de dessein anté-
rieur, ni de loi imposante aux parties, pour
les assembler, les placer & les retenir dans leur
poste, & les faire agir de concert?

Un sistême aussi extraordinaire, & insoutenable, que celui de Mr. de la Me. se détruit assez
de soi-même, sans se donner la peine de le combattre, & de le renverser. Ce seroit insulter
le genre humain, de le subçonner capable de
l'adopter en quelque manière. Que si par hazard quelqu'un osoit s'y arrêter: ce ne seroit
toujours qu'un nouvel argument, pour le détruire: car une opposition si manifeste au sens
commun, & au témoignage des sçavans les plus
illustres & rénommés de toute la terre, ne for-
meroit-elle point une démonstration évidente,
que l'homme n'est donc pas une simple machine
à l'égard de son Entendement, comme il l'est
l'égard de son corps?

CHAPITRE III.

Tout le monde convient de l'égalité de la ſtructure du corps humain, dans tous les individus, qui ne ſont pas monſtrueux. C'eſt-là
la baſe de la Medecine, ſelon le témoignage ſen-
ſible de la Chirurgie, & de l'Anatomie. Auſſi
n'y a-t-il point de perſonne de bon ſens, qui
ne s'aperçoive de l'égalité des mouvemens, des
ſentimens, & des opérations organiques du corps
autant dans le total, que dans le partial du genre humain. Voilà où le machiniſme éclate manifeſtement. Mais en même tems comment
combiner avec cette uniformité de ſtructure interne & externe du corps, & de mécaniſme ſen-
ſible, la diverſité infinie de tout ce qui appartient à la raiſon humaine; & qu'on ne ſauroit
rémarquer parmi les brutes, qui vivent dans
leur liberté naturelle à la campagne? Tout eſt
fixe parmi les bêtes qui ne ſont point genées
par les hommes. Tout eſt égal & uniforme
dans chaque eſpèce. Point de goûts différens,
point de choix & point d'égards dans leurs beſoins, & dans tout ce que la Nature exige d'eux.
Tous marchent, courrent, bondiſſent, & s'ex-
priment de la même manière. Toujours la
même nouriture, & la même boiſſon. Point
d'application à ſe garantir, ou à prévenir les
dommages qui peuvent leur arriver. Point de
con-

convenances, point de loix, point de dépendance naturelle. Voilà un mécanisme, qui n'a rien de femblable parmi les hommes, même les plus barbares.

Rien n'eft plus fréquent que de voir l'homme animal, & l'homme fpirituel; l'homme vicieux, & l'homme vertueux, fi bien marqués, qu'on ne s'y tromperoit pas pour longtems. Ce qui eft même plus extraordinaire encore, & qui n'eft pas abfolument compatible avec le mécanisme, c'eft que le même individu paffe bien fouvent de contraire à contraire, & paroît devenir contradictoire en foi-même. Pourquoi la machine du corps humain, ne change-t-elle pas de figure, comme l'Efprit humain change de raifonnement, d'inclination, & de forme? D'où vient qu'un homme vivant ne fauroit renoncer pour longtems à la nouriture fans mourir? qu'il lui eft presque impoffible de s'empêcher de rire quelquefois, de pleurer, de fuer, & de cent autres actions naturelles, conféquentes au machinisme du corps humain? Au contraire rien n'eft plus fréquent que de raifonner de travers, de diverfifier les goûts à l'infini, & de s'attacher à ceux qui paroiffent les moins naturels. Eft-il fi rare de voir le même homme devenir raifonnable, & déraifonnable; fçavant, ou ignorant; lâche ou magnanime; fage ou fot; modefte, ou impudent; doux ou brutal? Eft-ce qu'une chandelle pourroit éclairer pendant la nuit, & répandre les ténèbres pendant

le jour? Un moulin à vent serviroit-il de
vaisseau pour aller aux Indes?

On chicaneroit bien mal-à-propos là-dessus,
si on se rétranchoit sur le délire, & sur la folie, qu'on a tâché d'expliquer mécaniquement.
Tout le monde convient que ce sont des maladies, en conséquence d'un véritable dérangement d'organes: ce qui n'accommode en aucune manière, ces prétendus esprits forts, qui
souffrent les mêmes accès de maladie, lorsqu'ils
prétendent raisonner aussi juste, que durant la
plus parfaite santé. Tombons d'accord avec
eux, que leur systême de l'homme machine est
un véritable dérangement d'esprit, & de cervelle, qu'il faut traiter & guérir, tout comme
le délire, & la manie.

Cependant l'Article principal subsiste toujours; puisqu'il n'y a rien de plus évident, que
le dérangement de la machine interrompt bien
souvent, & renverse l'objet & l'action qui lui
convient: & ne répond nullement pour lors au
dessein tout à fait immatériel, de celui qui l'a
inventée & construite. Un homme qui raisonne à rebours ne dit que trop, qu'il est hors
de lui, & qu'il faut raisonner tout autrement
qu'il ne fait. Il est presque impossible qu'il
n'en convienne quelquefois lui-même, après
le témoignage de tous ceux qui l'environnent.
Aussi-bien voyons-nous que certains raisonneurs
malheureux, tâchent toujours de se joindre à
leurs semblables, pour n'être pas contraints de
récon-

réconnoître, & d'avouer le renverfement de leur cervelle.

C'eft un fardeau infuportable pour eux, le gros de la Société humaine; & c'eft un champ hériffé de chardon & d'épines, toute affemblée de perfonnes qui raifonnent conféquemment. Ils ne s'en tirent jamais, fans leur abandonner quelque lambeau de leurs haillons, & fans dif-fimuler la plûpart de leurs fentimens intérieurs, pour ne pas révolter contr'eux, la Société, & & l'humanité même. Car pourroit-il y avoir parmi ces gens-là, quelqu'un qui s'aperçût fin-cérement des attraits d'une vertu qui les in-commode; & qui fe rébutât des horreurs d'un vice qui flatte leurs paffions? Ils mentent bien ferré lorsqu'ils difent le contraire. L'Auteur de la fable des Abeilles, celui des Mœurs, & celui du parfait bonheur de Seneque, n'en di-fent tous feuls que trop, pour démontrer ma propofition. Cependant je ne me difpenferai d'entrer dans le petit détail qui fuit.

CHAPITRE IV.

Quod tibi non vis alteri ne feceris, & quod tibi vis alteri feceris: c'eft le grand prin-cipe où toute la Société humaine, toutes les loix, la juftice, l'équité, & la jurisprudence fe fondent. Nous réconnoiffons auffi une auto-rité fuprême qui déclare hautement: *Prout*

*vultis ut faciant vobis homines ; & vos facite
illis similiter.* On n'a pas encore trouvé personne qui ait osé nier ce principe général ; &
les plus détestables auteurs de tous les siècles
en sont convenus, & en conviennent encore,
comme du fondement unique, & du lien indisso-
luble de la Société. Le fameux Mr. Baile dans
sa Cométe, pose cet unique principe comme incontestable, & tout autant qu'un Axiome, tel
qu'il est en effet. Aussi-bien en fait-il un usage le plus extraordinaire du monde ; car il prétend prouver par là que des Athées formeroient
une Société parfaite. Il est suivi aveuglement
par tous les prétendus Esprits forts, qui se ré-
tranchent-là-dessus, pour combattre la nécessité
de la Religion révelée, & diminuer l'horreur
qu'on a naturellement pour les irreligionaires.

Mais ce qui est bien difficile à comprendre,
c'est que Puffendorf, Cumberland, Gravina, &
d'autres, qui ont saisi les prémiers postes par-
mis les grands jurisconsultes, s'en soyent laissé
imposer sur cet important Article, & n'ayent
pas tâché de le tirer des tenèbres qui l'envéloppent. Ils ont posé des fondemens peu solides,
empressés de sécouer un certain joug, dont ils
s'embarrassoient mal-à-propos ; & c'est par là
que leurs Systêmes quoique composés avec un
art admirable, & soûtenus de raisonnemens fort
bons, clochént, & pliént toujours comme des ro-
seaux au gré de tous les vents. Le jeune Té-
lémaque, se croyoit ainsi quelques fois gené

par

par son Mentor. Il auroit même souhaité de s'en défaire, quoiqu'enfin il lui fût redevable de son heureuse délivrance de l'esclavage de la séduisante Calipso.

Pourroit-on imaginer rien de plus foible, & de plus chancellant, que le Droit des Gens, que ces Messieurs ont expliqué, & qu'ils débitent, comme fondé sur le consentement des Nations policées ? Grand Dieu ! Où ce consentement s'est-il fait ? Qui en a jamais parlé dans l'histoire ? Comment s'est-il pû faire dans la suite des Siècles ? D'où vient que les Barbares y paroissent compris ; car on tire d'eux-mêmes les exemples, & les documens les plus forts, & les plus évidens, pour le faire valoir ? L'auteur ingénieux de *l'Esprit des Loix*, n'a pas non plus osé sortir de cette carrière ; quoiqu'un tel Droit des Gens soit incombinable, avec sa prétendue dépendance des loix, du climat, & de la nature du païs. Cependant l'homicide, l'adultère, le vol, la fraude, la violence, & l'irreligion, ne sont pas moins proscrites par tout, où il se trouve une Société humaine, dans quelque climat, & dans quelque païs qu'on la cherche.

Tous ces graves Auteurs ont tremblé d'avouer, que tous les hommes originellement, ne formoient qu'une famille, & descendoient d'un seul couple : car c'est, dit-on, une seule histoire ancienne qui en parle, & qui s'attribue une autorité suprême & divine. Non-obstant c'est la source unique & véritable, d'où découle avec

la

la dernière évidence, le Droit des Gens, que tout homme est contraint d'avouer, & de s'y soumettre aussitôt qu'il comprend de vivre en société. Il n'y a ni Grec ni Barbare, qui puisse s'en dispenser, ni le revoquer en doute, sans avoir recours à un consentement imaginaire, & qui n'auroit jamais existé. Mais une fois posé & reconnu un fait aussi essentiel, on comprend d'abord qu'il en dérive d'autres conséquences qui choquent le libertinage intérieur, auquel les sçavans du siècle ont bien de la peine à renoncer.

Aussi a-t-on vû dernièrement quantité de malheureuses brochures sortir dans le monde, sans aucun égard pour le nom illustre de ces Auteurs respectables, & les attaquer vivement sur leurs principes, avec tant d'apparence, que beaucoup d'idiots se sont laissés séduire, faute de connoître d'autres garants, que l'esprit humain, toujours sujet à s'égarer. C'est bien aussi par là, que la Politique machiavellise hardiment dans le cabinet, sans se faire le moindre scrupule, de violer & renverser les préceptes les plus formels de tous ces Oracles de jurisprudence. On prétend que celui de Delphes ne donnoit que des réponses susceptibles de divers sens souvent contraires, pour sauver toujours l'honneur d'Apollon. N'en pourroit-il pas arriver de même à présent aux Pufendorfs, Cumberlands, Gravines, & Montesquioux? Pour le moins est-il évident, que bien de fois ils n'ont

pas

pas raisonné conséquemment, ou que certains égards les ont empéchés de le faire; comme il n'est pas difficile de s'en apercevoir, dès qu'on donne quelque attention à leurs ouvrages.

Il est impossible qu'à des personnes aussi éclairées & pénétrantes que ces Auteurs renommés, il puisse leur être échappé ce qu'on va remarquer dans le chapitre suivant. Mais comme cela les auroit menés tout droit à la nécessité de la Révélation, dont ils apréhendent les suites: ainsi ils n'ont pas osé fouiller plus à fond, pour découvrir à nud les bases de la Société, ni d'écarter en même teins les nuages, qui leurs cachoient le soleil de la justice éternelle.

CHAPITRE V.

L'Axiome dont nous avons fait mention dans le Chapitre précedent: *Quod tibi non vis alteri ne feceris; & quod tibi vis alteri feceris*, méritoit bien les considérations suivantes.

I. Chaqu'un y aprend à faire de soi-même la règle de tous les autres: puisque c'est sur ce que chaqu'un veut ou ne veut pas lui-même, qu'il en doit conclure ce qui plaît, ou ne plaît pas aux autres, pour en agir avec eux sur ce ton-là. Rien n'est plus positif. *Quod tibi vis*, ou bien *Quod tibi non vis*. L'Amour propre doit être fort content d'un Axiome semblable. Cependant rien n'est plus juste que cet Axiome-là, là; & en même tems, rien n'est plus dangereux, si on l'abandonne sans tuteur, entre les mains de chaque particulier, pour en faire un usage arbitraire. Il y faut une règle; sans cela, rien de plus pernicieux pour la Société humaine.

La grande diversité, & contrariété même des Loix parmi les différentes Nations du monde, & principalement des moins connues, dont Mr. de M**. parlé, presque à l'abri des contradictions, qu'on pourroit lui faire sur les Loix des Grecs, des Romains, & de leurs successeurs, prouve suffisamment, que ce qui plaît aux uns, ne sauroit souvent plaire aux autres: & qu'on abuseroit fort de l'Axiome dans la société, si on le suivoit cruement tout comme il est proposé. A la vérité tout ce qu'il raporte là-dessus est fort incertain: mais quand il n'y auroit que la moitié qui fût véritable, il y en auroit d'avance, pour prouver que ce qui accommode les uns, n'accommoderoit pas les autres; & peut-être même les choqueroit furieusement.

Particularisons un peu, & cette importante vérité en éclatera davantage. Sans parler d'un enfant qui aime les poupées, & les babioles, qui fatiguent les hommes faits; il est manifeste que tout homme pendant sa jeunesse, feroit grand tort aux autres plus âgés, de les traiter comme il se plaît lui-même. Un homme sérieux dans les affaires, se rébuteroit furieusement d'une vie de plaisirs & de divertissemens

con-

continuels, qu'il ne goûteroit point, qui lui abattroit la santé, & lui rendroit ennuieuse la vie, après l'avoir ruiné dans son domestique. Celui-ci tout de même se tromperoit fort de prétendre, que la jeunesse se réglât selon son bon plaisir. Il auroit beau produire l'Axiome, *quod tibi vis alteri feceris;* j'aime, diroit-il, à me règler de cette façon-là; il ne m'en faut pas d'avantage, pour prétendre que tous les autres en fassent de même. On se moqueroit de lui, & de son Axiome; & on n'auroit pas grand tort à le faire.

N'allez pas m'objecter, que cette diversité ne regarde que la manière de vivre, & qu'elle n'entre point dans les mœurs, dans les vertus, & dans les vices. Non non, c'est presque la même chose. Un homme qui n'aime pas sa femme, & qui soûpire après celle d'un autre, aimeroit bien un troc, qui passe pour un double adultère. Un autre qui aime la sienne, & qui peut-être n'y suffit pas, auroit en horreur le prémier. Comment mettre d'accord ces deux personnes dans la Société? chaqu'un d'eux se récrie sur le droit que lui donneroit l'Axiome en question. Nous avons mille exemples d'hommes poussés à bout par la fortune, & aveuglés par la colère, & par le désespoir, qui se trouvent leur propre vie à charge, & s'en défont à l'Angloise. Leur bon plaisir alors serviroit-il à les justifier, s'ils contribuoient à la mort des autres? Y a-t-il rien de plus fré-

C

quent

quent au monde, que d'entendre des perfonnes, qui fe plaifent beaucoup à médire, & qui
confentent volontiers qu'on faffe de même avec
eux? Sont-ils juftifiés pour cela? Point du tout.
Cependant tous ces gens-là, ne feroient-ils
pas aux autres, ce qu'ils aiment qu'on leur
faffe?

Suivons encore Mr. de M**. Son ftile cou-
lant, vif, & naturel, eft un torrent de lait,
détrempé d'excellent vin de Champagne, qui
m'entraine, lors-même que je ne faurois être
d'accord avec lui. Le grand principe, dit-il,
qui agit dans les Republiques, c'eft la vertu:
Celui de la Monarchie, c'eft le point d'honneur,
& celui du Defpotisme eft la force. Il croit
même presque incompatible la vertu avec la
Monarchie, & le point d'honneur avec le
Défpotisme. Voilà qui eft tout à fait ingénieux, quoique peu ou point folide. Mais en
le fuppofant un moment avec cet admirable
Auteur, l'Axiome en queftion embarrafferoit fort
les hommes, dans ces trois différentes formes de
Gouvernement. Les Royaliftes fe croiroient
en droit de demander, que les Republiquains en
agiffent avec eux par le point d'honneur: &
ceux-ci ne manqueroient pas de répondre, que
leur point d'honneur eft un fantôme creux,
qu'on tâche de réalifer en vain. Qu'il n'y a
rien de folide que la vertu. Le Défpotique fe
moqueroit de tous les deux. A quoi ferviroit
donc l'Axiome; & comment oferoit-on foutenir
que,

que, *quòd tibi vis, alteri feceris*, foit le fondement & le lien de la fociété ? Ne feroit-ce
pas le contraire ? Tous les défauts qu'on attribue à l'Amour propre, parmi les hommes,
& qu'on regarde comme la fource de tous les
malheurs du Monde, ne conviendroient-ils pas
à l'Axiome ci-deffus, s'il étoit pris tout crû,
prout verba fonant ? Cependant rien n'eft plus
véritable, rien n'eft plus folide, ni plus évident que cet Axiome, pourvû que ce foit dans
les règles, & dans les juftes bornes. Mais à
qui appartiendra-t-il de les impofer ?

CHAPITRE IV.

De quel droit un homme feroit-il obligé
de faire aux autres, ce qu'il veut qu'on
lui faffe ? Qui a impofé un tel droit ? qui le
protége ? qui le venge ? Je ne crois pas qu'on
s'avife de dire, que ce droit foit impofé par le
concours & la combinaifon de toutes les parties:
car on demanderoit auffitôt, quelle eft la main
qui pouffe & qui difpofe toutes les parties à
concourrir, & à combiner enfemble, de la façon
unique, qui conftitue la totalité. De toute autre manière que la difpofition fe faffe, ce ne feroit plus la même machine, & l'action & l'objet n'en fauroit plus fubfifter. Il n'y a point
de Matématicien, ni de tête raifonnable, qui

ne foit contrainte d'avoüer, que c'eft le deffeln, l'idée du Machinifte, qui impofe un droit abfolu fur fon ouvrage, & fur toutes les pàrties qui le compofent ; pourvû qu'il ait les égards convenables à la matière qu'il choifit, pour le compofer. On fe tromperoit fort de former les roues d'une Montre de cire, ou de craïe : il faut du métal, ou du bois très dur. On a beau chercher le mouvement perpetuel. Il ne fauroit fubfifter faute de matière, qui ne s'ufât & dépérît enfin.

On mettroit aux petites maifons, tout homme qui ne fe propoferoit pas un tel principe, en compofant, ou en raifonnant d'une Machine ; quoiqu'on écoute tranquillement ceux qui l'abandonnent en parlant de l'Univers, & de la Société humaine. L'Auteur des hommes, dans le deffein & projet formé pour les faire, a pû feul impofer le devoir, qu'un chaqu'un traitât les autres, comme il voûloit être traité luimême, car cela étoit convenable & néceffaire aux hommes pour former la fociété, de laquelle dépend principalement leur bien être. C'eft par là que le reffort communique à toutes les différentes parties, le mouvement, & le refrain néceffaire pour l'action de toute la machine. Chaque partie en reçevant l'impulfion, la doit communiquer auffi, & vaincre le degré de refiftance indifpenfable au corps : ce qui fe manifefte par le frottement des parties, qui s'ufent par là reciproquement, & s'affoibliffent petit-

à-petit,

à-petit, de façon que devenues tout à fait inutiles, il faut les remplacer par d'autres, ou réfondre les prémieres pour faire subsister la
machine.

Pourquoi direz-vous, doit-il y avoir un
tel frottement, dont les conséquences sont si fu-
nestes ? que n'a-t-on pas choisi quelque chose où
un tel frottement n'entrât point ? C'est qu'il
n'y en avoit pas dans la Nature, & qu'il n'y
en sauroit avoir, où il y a une matière corporelle : car on ne fait pas des Machines spiri-
tuelles, qu'en idée, en projet, & en suppofi-
tion des corps, qui les doivent former. Le
mouvement ne sauroit se communiquer, que
par le touchement, & celui-ci se fait par l'ad-
héfion des parties superficielles des deux corps
qui se joignent ; lesquels ne restans pas tran-
quiles, & se mouvans tout de suite, il arrive
que les unes emportent les autres. C'est pourquoi le frottement use & confume également le
fort & le foible, plus ou moins que la refiftance, & la célerité augmentent.

Mais pourquoi, direz-vous, le Corps
doit-il avoir des parties, qu'on peut lui enlever par le frottement ? C'est que sans cela, on
n'auroit jamais pû rien faire de lui, ni en rien
compofer au monde. Sans cette divifibilité,
pourroit-on former des roues, des pefnes, des
fuseaux, des dents, & autres instrumens semblables ? Tout ce qui se forme, ne se fait que
par ce prétendu défaut de la matière corporelle.

 Ne

Ne vaut-il pas mieux encore, que le corps s'ufe & fe confume, pourvû qu'on en fafle quelque chofe, que de n'en pouvoir rien faire du tout, & qu'il ne s'ufât, & ne deperît jamais?

Voilà ce qui doit nous faire bien comprendre la néceſſité indifpenfable de faire aux autres ce que nous aimons qu'on nous fafle, pour fe communiquer reciproquement le mouvement & le refrain convenable à la fubfiftance de la Société humaine; quoi qu'il paroifle en coûter aux parties; puisque c'eft par là-même, qu'elles reçoivent autant qu'elles donnent, & qu'elles ne fauroient avoir d'activité que par là. A quoi bon, qu'il y eut des Etres immobiles, & immuables? Quand on feroit un marbre, il faudroit avouer, qu'il vaut mieux fouffrir, & jouir fucceffivement, que de n'être jamais fufceptible de l'un & de l'autre.

Vous voudriez que le mouvement fe communiquât fans frottement, & vous tombez en contradiction. C'eft une imagination creufe, & un fouhait autant impoffible, que déraifonnable. Un corps qui enlevât les parties à tous les autres, fans perdre aucune des fiennes, eft un abfurde, qui ne mérite pas qu'on s'y arrête. Ne feroit-ce pas un fouhait qui démentiroit la nature même du corps? Tout ce qui eft corps, doit avoir la même corporéité, & la même nature. Ce qui ne l'auroit pas, que feroit-il? Il n'y a point d'enfant imbecile, ni de vieillard radotteur, qui ne doive comprendre l'extravagance

gance de cette chimère. Vous n'avez qu'à lui propofer, d'être lui-même le corps foible qui déperit toujours, pendant que l'autre refte toujours immuable. Il vous demandera, pourquoi ? & n'aura pas tort.

CHAPITRE VII.

Il y auroit bien d'autres confidérations à faire là-deffus, pour prouver, que cette égalité eft néceffaire & indifpenfable : mais comme je ne parle ici qu'à des perfonnes fenfées, je ne doute pas que tout le refte ne leur faute aux yeux. Je ne faurois cependant me difpenfer de faire une remarque très effentielle : & c'eft que les mêmes parties qui s'ufent & déperiffent, par l'attouchement & le frottement indifpenfable au corps, pourroient bien fe rétablir à mefure qu'elles fe perdent, & s'évanouiffent : fi les corps fe les reciproquoient en même tems qu'ils fe les enlevent les uns aux autres. Pour lors la machine fubfifteroit toujours dans une parfaite totalité : & c'eft fans doute ce qui devoit arriver à la fociété humaine, par le parfait accompliffement du devoir, de faire aux autres ce que nous aimons qu'ils nous faffent. Mais il faut pour cela que la nature foit par tout également parfaite ; que la force magnétique foit également diftribuée, & vive ; & qu'il n'y ait

C 4

pas

pas la moindre partie corrompue, dont le poison soit communicable, & la corruption contagieuse. Il faut qu'aucune ne puisse manquer ou redoubler son choc, hors de tems, & de mesure.

Voilà ce qui ne sauroit arriver autrement, que par une longue expérience, & par le hazard de toute sorte de dangers, propres à instruire des individus qui sont fournis de discernement, & dont le fond de la nature active est capable d'un convenable rétablissement. On a beau prêcher aux hommes & les convaincre par les raisonnemens les plus forts : ce n'est que l'expérience formelle, aidée de la réfléxion, qui peut nous aprendre à aimer qu'on nous traite, ainsi qu'il nous convient par raison, & non pas par caprice ; & pour lors traiter les autres sur ce même pied-là. Mais tout aprendre par l'expérience, c'est trop hazarder, ainsi que nous en sommes bien instruits, par les malheurs que nous nous attirons, du moment que nous voulons sécouer le joug de la loi préceptive. Ce n'est ni fourberie, ni hazard, que tout le genre humain s'y soit soumis, depuis tous les siècles, & s'y soumette bien volontiers encore. C'est que tout le monde comprend aisément, que pour goûter les plaisirs dont l'humanité est susceptible, & pour s'épargner les plus grands chagrins, autant qu'il est possible, il faut avoir une loi qui prévienne, & qui rédresse les expériences pernicieuses.

Quel-

Quelques talens qu'ait un nouvel machiniste, il hazardera toujours infiniment, & aura bien de la peine à se tirer de mille embarras, qui se présenteront à lui, dans la construction de sa Machine, s'il n'a récours aux loix de la Mécanique, qui lui viennent par tradition. Quand même ses prédecesseurs ne les auroient aprises & proposées, que par les différentes expériences, qu'ils furent contraints de faire: tous ceux qui viennent après, ne sauroient s'en passer; soit pour abréger le chemin, soit pour écarter le grand nombre de casualités, auxquelles ils seroient sujets. C'est ainsi que tout homme de bon sens doit être ravi, qu'on lui propose des règles, & qu'on lui impose des loix, pour cribler les désirs qui s'élevent en foule dans son cœur; & pour aider l'accomplissement des souhaits qui sont les plus convenables, & proportionnés à la situation où il se trouve.

Mais pourquoi, demanderez-vous, tout homme n'a-t-il pas dans soi-même cette règle, & cette loi, & se doit-il contraindre dans les souhaits que sa nature même produit? Ah! n'attribuons pas à la Nature tous les souhaits qui se forment parmi les hommes. On se tromperoit fort de lui attribuer ceux qui se forment par les malades, & les frénétiques. Il faut bien distinguer, ce que la nature demande en bonne santé, de ce que la maladie produit. Un homme libre forme des souhaits tous

 diffé-

différens d'un misérable esclave qui languit dans les fers : & celui qui est livré à la plus violente passion, auroit grand tort de dire, que c'est la Nature qui demande à se satisfaire. Peut-être auroit-on de la peine à reconnoître la Nature, pendant une maladie mortelle, un rude esclavage, & une violente passion, qui nous aveugle. Si l'état d'un malade, d'un esclave, & d'un passionné, n'est pas bien marqué & distingué, on hazarderoit de périr mille fois, lors qu'on voudroit se guérir, se mettre en liberté, & se tranquiliser.

Toute Jurisprudence, toute Morale, & toute Politique, qui n'a pas commencé par cette distinction principale, n'a jamais rien produit qui vaille : & Aristote même, faute de cela, a donné tous ses préceptes en vain. Platon a mieux rencontré, car il a reconnû une espèce de faute originelle qui a mis de travers l'esprit humain : mais ce n'est pas tout encore. Il falloit bien davantage, & c'est ce que l'Evangile uniquement a pû faire. Je ne doute pas qu'à nommer seulement l'Evangile, la plûpart des prétendus Esprits forts, ne se révoltent contre ce petit ouvrage, & n'en tronquent aussitôt la lecture. Voilà une prévention mortelle, qui ajoute un nouvel argument à ma These.

Un homme qui languit dans les ardeurs d' une fiévre chaude, & qui brûle de soif, ne manquera pas de se plaindre du tort qu'on lui fait, si on lui refuse de l'eau fraiche. Il vous dira que

l'amer-

l'amertume du spécifique, & que la douleur
de la faignée, font contraires à la Nature; &
ne dit pas mal, car la Nature en santé, ne demande pas cela. C'eſt à la maladie, que le
spécifique & la faignée font convenables, & non
pas à la nature : mais la plus grande disgrace
du malade, c'eſt qu'il manque du diſcernement
néceſſaire, pour ſe reconnoître dans l'état où
il ſe trouve, & des remedes dont il a deſoin.
Si on abandonne un pauvre malade à ſon raiſonnement il eſt perdu tout à fait. On ne per-
mêt pas aux Medecins mêmes de ſe traiter tous
ſeuls pendant leurſ propres maladies. Il faut
des perſonnes en ſanté, & de ſçavans Medecins, pour traiter les malades, & les conduire
à un rétabliſſement convenable; & c'eſt ce qui
eſt bien difficile d'obtenir, particulièrement dans
les maladies contagieuſes. Cet exémple n'ex-
pliqueroit-il pas les abus qu'on fait ſi ſouvent
de l'Axiome en queſtion, parmi les mortels,
ainſi que nous l'avons remarqué ci-deſſus? Que
ſi le genre humain étoit généralement corrompû, & ſujet à toute ſorte d'illuſions & d'égaremens : comment pourroit-on ſe fier à lui, pour
règler les connoiſſances & les ſouhaits, qui ſe
diverſifient ſi fort, parmi les individus qui le
compoſent?

CHAPITRE VIII.

Pour peu de réfléxion qu'on faſſe ſur ce qui
arrive au corps humain, par la folie, &
les maladies héreditaires dans les familles, &
par les mauvaiſes habitudes qui en dérivent,
on n'aura aucune peine à comprendre, comment
les hommes ſont tombés dans la dernière barbarie, par le défaut de la ſociété, dont la
guerre, les inondations, & cent autres accidens
les auront ſéparés. Non, il n'eſt pas néceſſaire
de recourrir au choc de quelque Comète avec
notre Globe, pour expliquer la différence des
couleurs, des inclinations, & des coſtumes des
différens peuples, comme des arbres, & des
animaux des différens climats. Les Nations les
plus civiliſées de nos jours, n'étoient-elles pas
barbares autrefois ; & les barbares d'aujour-
d'hui ne vivent-ils pas dans les climats des Nations autrefois policées, & qui cultivoient ad-
mirablement bien les ſciences, & les arts ? Je
ne m'étonne point que les Maures trouvent de
la beauté à leurs femmes, auſſi-bien que ceux
du Malabar à leurs groſſes jambes, & tant d'autres peuples à leurs extravagantes parures.
Peu à peu les Européens s'y accoſtument auſſi,
& y trouvent enfin quelque eſpèce de goût.
Les François autrefois ne pouvoient ſouffrir la
Muſique Italienne, & trouvoient ridicules tous
nos Théatres. Petit à petit ils commen-

cent

cent à la goûter, comme les Anglois, les Allemans, & les Espagnols, quoiqu'ils n'entendent presque point l'Italien. Nous-mêmes qui trouvions autrefois insupportable la Musique des Orientaux, nous venons d'en inserer une partie dans la nôtre, ainsi que des autres Nations de l'Europe. On en a d'abord été surpris par la nouveauté, & nous y avons trouvé du goût, aussitôt que quelque bon maître de Musique y a travaillé, & nous l'a proposée. C'est ainsi du reste.

Les grandes chaleurs & les frimats des différentes Zones, peuvent bien influer plus ou moins dans les modes, dans les façons de s'habiller, de coucher, & de servir la table: & peut-être même pour rallentir, ou exciter la sensualité: mais dans quelques climats du monde, que se trouve une société humaine, elle ne sauroit subsister, sans proscrire l'irreligion, l'homicide, l'adultère, le larcin, la fraude, & la violence. C'est l'humanité qui est par tout la même, & qui s'arme contre tout ce qui dissout & détruit la société. Les remedes, si vous voulez, seront plus rudes ou plus doux chez les uns, que chez les autres à proportion de la resistance phisique des corps, & de la culture des esprits: mais cultivez les uns, & barbarisez les autres, vous y trouverez aussitôt l'égalité, qu'on recherche, non pas faute de la voir, mais faute de la vouloir.

Je demande pardon à M. de M^{on}, ſi je ne ſaurois le ſuivre dans tous ſes raiſonnemens phiſiques, pour prouver que la différence du climat doit influer ſur les loix des différens païs, & métamorphoſer leurs Eſprits, tout comme chez les anciens Poëtes : Nymphes & Faunes ou Satirs ſur Terre; Tritons, Nereïdes, ou Sirenes ſur Mer. Pour moi je ſçai bien qu'un Miniſtre Eſpagnol, va reſider /pluſieurs années à Stokolm, ou à Petersburg, & n'en revient pas moins avec toutes ſes inclinations Eſpagnoles. Un autre va de Stokolm ou de Petersbourg à Madrit, & y reſte trente ans, ſans perdre ſon tempérament, & tous les penchans Ruſſes & Suedois. J'en reviens toujours là. Un culte de la Divinité, une pureté de mariage, & une ſureté de la vie, des biens, & de l'honneur, ne ſauroient manquer, quelque coin des plus reculés de l'Univers qu'on aille fouiller. Le grand principe de traiter ſon voiſin, comme nous aimons qu'il nous traite, ſe trouve par tout, quelque mauvaiſe application qu'on en faſſe. Par tout où il y a des hommes, il y a des égaremens, & des extravagances, qui groſſiſſent encore par leur nombre : mais donnez-leur le tems & la force de ſe reconnoître, il y en aura toujours pluſieurs de guéris. S'il étoit poſſible de rétablir en ſanté tous les malades des petites maiſons, vous auriez preſque auſſitôt tellement concilié leurs beſoins, & leurs ſouhaits, que vous en feriez un ſeul cœur & un ſeul eſprit,

pour

pour ce qui regarde les néceſſités de la vie, qui eſt la même en tous.

Mais comment perſuaderiez-vous un nombre infini de fols, qui, non obſtant leur folie, ſentent fort bien leur égalité, & ne ſauroient convenir que fort rarement ſur les avis de leurs ſemblables, pourvû même qu'ils ne paroiſſent pas vouloir leur en impoſer? Comme ils ne perdent pas la faculté de raiſonner, & que le dérangement des organes les conduit toûjours de travers, ſans qu'ils s'en aperçoivent: ils ſe perſuadent toûjours eux-mêmes, ſans perſuader les autres. Rien n'eſt plus commun que de les voir s'obſtiner furieuſement, & ne démordre jamais coûte qui coûte. Vous ne viendriez jamais à bout de leur faire avouer, que le noir eſt noir. Ils vous diront qu'il eſt amer, ou obtus: mais pas un mot qui s'appartienne aux couleurs. Le point d'honneur n'eſt jamais porté à ſi haut point, que parmi ces malheureux. Ils ſont prêts à ſe ſacrifier eux-mêmes, & tout le reſte du monde, pour n'en avoir pas le démenti. Ils ne ſavent ce que c'eſt que ceder qu'à la force, & fort rarement à la douceur; auſſi bien faut-il employer la faim, les fers, & les coups, pour les tranquiliſer un peu; car pour leur guériſon parfaite, il ne faut pas moins que rétablir, & réfondre les organes.

CHA.

CHAPITRE IX.

Ne vous offencez pas, si je vous propose un exemple semblable, pour remonter à la source des contradictions, qui se font rémarquer dans le genre humain, & que nos Auteurs modernes ont pris à tache d'augmenter le plus qu'il est possible, & même au delà. Ce n'est pas moi qui manque au respect & à la tendresse qu'on doit à l'humanité. Je voudrois bien l'épargner & la rapeller de tous ses égaremens: mais on les a fait résonner si haut aujourd'hui, qu'il n'y a presque plus d'Echo dans le monde, qui n'en fasse une repetition incessante. Ecoutons-le pour un moment, sans en faire de triste usage. A quoi sert-il, dit-on, que tous le peuples de la Terre, & les plus barbares mêmes déteftent l'irreligion, l'homicide, l'adultère, le larcin, le menfonge, la fraude, & tant d'autres crimes semblables, si l'on n'en trouve pas deux parfaitement d'accord sur ces Articles?

Le culte que tout le monde avoue qu'on doit à la Divinité, est généralement tout extérieur: mais la plûpart le demandent intérieur aussi. Ceux qui n'en veulent point du tout, prétendent qu'il ne doit être qu'intérieur. D'autres foutiennent, que c'est uniquement par la vertu, qu'on honore les Dieux. Le peuple fe retranche fur les ceremonies. Mais ce n'est pas tout. Les uns abborrent tout autre objet de culte, que le fpirituel. D'autres n'en connoiffent que de corporel; & d'autres enfin joignent l'un à l'autre. Chez les uns on détefte la pluralité des Dieux. Chez d'autres on adore tout ce qui peut fimbolifer la Divinité. Grand nombre auffi adore toute fa vie, fans avoir qu'une idée vague & changeante. Les recompenfes & le peines éternelles, que toute Religion établit, n'ont jamais perfuadé les malheureux Saducéens, & les novateurs du Siècle. Enfin *l'Efprit des loix* au Liv. XXIV. Chap. XIV, n'a pas héfité de prononcer, que *des hommes qui croyent des recompenfes fûres dans l'autre vie, échapperont au Legislateur. Ils auront trop de mépris pour la mort. Quel moyen de contenir par les loix, un homme qui croit être fûr, que la plus grande peine que les magiftrats lui pourront infliger, finira dans un moment, pour commencer fon bonheur éternel?* A-t-on jamais prononcé un démenti femblable à tous les Legislateurs de la Terre, fans en excepter un feul? On n'a jamais connû d'autre moyen poux fixer l'obfervation des loix, que les recompenfes, & les peines éternelles. Qui eft-ce qui n'aura pas l'efprit de retorquer le prétendû argument, pour dire: *Quel moyen de contenir par les loix un homme qui croit être fûr d'échapper & de fe mettre à couvert des peines que les magiftrats lui pourroient infliger?* Non feulement on peut aifément s'en perfuader: mais le plus grand nombre n'emploieroient-ils

pas le vert & le fec pour y réuffir, & ne fe joint-
droient-ils pas enfemble pour éluder la peine de
leurs forfaits, fi généralement ils n'étoient rétenus
par la crainte des maux, & l'efpérance des biens,
& du pardon éternel? Ce n'eft ni le tems ni le
lieu d'en dire davantage. Il fuffit feulement de
reconnoître ici, que l'efprit humain abandonné
à lui-même, tombe inceffamment dans les dernières extravagances & contradictions, fur ce
principal Article. Paffons plus legérement fur
le refte.

L'homicide généralement reprouvé & puni,
ne laiffe pas d'être un fujet de louanges &
d'honneur à la guerre, dans la Gimmaftique,
dans les combats finguliers: & de s'attribuer
mille excufes dans une infinité de cas, qui le
font échapper de la jufte punition, qu'on lui
doit.

Le larcin a fes partifans auffi, jufque parmi les Legislateurs. La guerre, la politique,
& la néceffité femblent le juftifier en plufieurs
occafions: & il faut bien convenir que celui
qui a l'adreffe de dérober le plus, & à un plus
grand nombre, en eft moins puni; & que fi on
parvient à l'effronterie & à la violence de dérober à tous, c'eft quelques fois un objet d'admiration, & un fujet de gloire.

Rien n'eft plus malaifé à fixer que l'adultère,
que tout le monde détefte & punit. Quelques
peuples n'en vouloient point connoître du tout,
pour les femmes, & moins encore pour les
maris. D'autres ne regardoient comme adul-
tères

tères que les femmes qui abandonnoient tout à fait leur mari & leur famille, pour se livrer à d'autres. Les uns soutiennent que toute couche arbitraire de la femme, sans la permission du mari est un véritable adultère; pendant que d'autres fixoient des tems, & des circonstances, où tout libertinage étoit permis, & même consacré chez les Idolatres. Enfin prêter sa femme à d'autres n'étoit pas contraire à la Loi Catonienne: pendant que d'autres condamnoient d'adultère, non seulement toute action lubrique, mais jusques aux souhaits, & aux pensées impudiques, pour les femmes mariées. Les maris furent fort épargnés là-dessus; à la reserve de certains raffineurs qui poussèrent le scrupule à l'infini.

Pour la fraude & le mensonge qui sont condamnés par tout en général, c'est fort rare qu'ils le soient, en particularisant les personnes, les intentions, & les conséquences. Il ne faut qu'interroger les Politiques, les Relâchés, & les Rigoristes, pour voir jusqu'à quel point la contradiction est poussée. Trève du reste.

Oseroit-on dire après cela, que le genre humain ait le sens bien rassi, & qu'on puisse s'attendre de lui, quelque secours important pour décider toutes ces questions, & cent d'autres qui n'intéressent pas moins l'humanité? Je me croirois le plus sot des mortels, si après cela je cherchois encore parmi les hommes la source des loix. Ce n'est pas qu'elle n'y dût être essentiellement, ainsi que la source de la santé:

mais

mais c'eſt que la foibleſſe & la folie humaine, l'ont tellement envéloppée, & confondue, qu'il n'y a plus moyen de la connoître ni de la ſaiſir, pour la propoſer dans le délabrement où nous ſommes. Il faut bien que cette ſource féconde y ſoit, puiſque toute l'humanité tombe d'accord des crimes qu'on doit proſcrire : mais les avenues en ſont ſi fort remplies de brouſſailles, & d'entraves, qu'il eſt abſolument impoſſible de pénétrer bien avant, ſans y mettre le feu, pour tout reduire en cendres.

Toute eſpérance n'eſt pas perdue pour cela. Qui a donné le droit, le protege, & le vange. Il a la bonté, & la force pour y réuſſir.

CHAPITRE X.

Ne dites pas que la force du raiſonnement humain peut toute ſeule défricher ce chemin-là, & pénétrer juſques aux ſources des loix, ſans guide & ſans ſécours : car cela eſt abſolument démenti depuis tous les ſiècles, & par les efforts les plus ſérieux & les plus obſtinés du nôtre, qui n'a rien avancé ſur cela, même après les plus excellens maîtres de l'art, tels que Ciceron & Plutarque. Ce n'eſt pas qu'on n'ait reconnû de loin, qu'il y doit avoir cette ſource lumineuſe & forte, à laquelle il n'eſt pas moins utile que néceſſaire de ſe ſoumettre : mais ceux qui ſe bornèrent à la rechercher parmi les hommes, s'égarèrent toûjours dans un vaſte Labyrinte.

rinte.   Ils ne propofèrent que l'Axiome fameux, de traiter les autres comme nous aimons
qu'ils nous traitent; ce qui eſt fort bon en général, mais autant dangéreux qu'arbitraire dans
le particulier, ainſi que nous l'avons remarqué
ci-deſſus; à moins qu'une loi ſupérieure ne lui
impoſe des bornes, & une telle circonférence
qu'on n'oſe point franchir.   Or s'il faut cette
loi ſupérieure, pour le règler, ce n'eſt plus
l'Axiome qui ſoit la ſource: mais ce ſera cette
même loi qui le gouverne, & qui le barre par-
ci par-là, ſans quoi rien n'offenſeroit davantage
la ſociété, & les bonnes mœurs qui la peuvent
rendre heureuſe.   On diroit encore moins que
cette Loi ſupérieure, émane de la ſociété même, car il n'y eut jamais dans le monde, & il
n'y ſauroit avoir une aſſemblée générale du
genre humain; & les plus nombreuſes ſont toujours le moins d'accord entr'elles. Le ſexe,
l'âge, le climat, les coûtumes, & les intérêts de
chaque particulier, ſont trop oppoſés les uns
aux autres. Dire qu'il émane du petit nombre,
& de quelque ſociété particulière, qui en im-
poſa aux autres, par l'éclat de ſes lumières, &
par la force; cela n'eſt pas moins abſurde: car
point de brillant, & de violent qui dure; &
tout homme ne manque pas de ſe demander
à ſoi-même, pourquoi étant de la même nature,
n'auroit-il pas les mêmes droits que tout autre
qui veut lui en impoſer.

Direz-vous, qu'on impoſe au grand nombre,
en lui propoſant des biens, & des avantages,

D 3

qui

qui lui arrachent son consentement, & sa sou-
miffion : mais qui oséroit soutenir, que chaque
particulier trouva son bonheur, & son avantage dans toutes les loix qu'un Legislateur, ou
une société lui impose ? Si cela pouvoit arriver, elles ne changeroient jamais ; & leur accomplissement exact ne sauroit s'affoiblir, ainsi
que cela ne manque pas d'arriver dans toutes
les sociétés imaginables. Que si vous vous re-
tranchez sur l'étude & le savoir des Juriscon-
sultes, vous abandonnez d'abord l'humanité
toute simple ; & vous proposez un vuide, & un
nom sans réalité ; ou bien quelque chose de supérieur aux hommes, qui leur manifeste le rapport des choses, tout comme la lumière du Soleil, qui nous est tout à fait extérieure, nous
manifeste les objets visibles. Ce qui fait voir
aux hommes, ne leur sauroit pas plus appartenir, que ce qui les fait raisonner, & réfléchir.
A la vérité l'organisation des sens est bien dans
nous-mêmes, & l'action & l'effet en dépend, si
vous voulez, comme de la parfaite organisation
de l'œil. Mais ce n'est pas tout. L'œil ne
verra jamais rien si la lumière n'agit refléxive-
ment sur lui. Il n'y aura d'autre différence
entre celui qui manque des yeux, & celui qui
manque de lumière, si non que le prémier ne
sauroit jamais voir, quand même la lumière le
frapperoit : & le second verroit aussitôt qu'il
ouvriroit les yeux. Il faut s'aveugler soi-même,
pour ne pas avouer cette vérité, qu'il faut pour
bien raisonner, être un homme parfaitement
orga-

organisé dans le cerveau, & dans les sens principaux : mais qu'avec toute la plus parfaite organisation du monde, l'homme ne raisonnera jamais, s'il n'est fourni de principes convenables aux sujets, d'une infinité de connoissances particulières, & d'une force suffisante pour rapprocher les unes, & séparer les autres. Encore tout cela ne serviroit-il pas beaucoup, si les objets sur lesquels on raisonne, ne sont pas compris clairement & distinctement par l'entendement humain, à peu près comme la lumière peint les objets dans la retine de l'œil.

Ajoûtons encore, que tout ce qu'on apelle sçavant parmi nous, c'est celui qui a plus conferé, lû, refléchi, & mûrement examiné ce qui a été dit par les autres ; de sorte qu'il ne sauroit avoir de science à présent, qui ne vienne par tradition. On y ajoûte, on retranche, on reforme, on propose des nouveaux sistêmes, ébauchés toujours par d'autres, & combinés selon le goût, les préventions, & la mode : mais dans le fond tout est originé par les anciens, & n'a d'autre source que les traditions humaines. Or en remontant jusqu'à leur source, il faut une fois abandonner la tradition, pour faire place ou à une revélation immédiate, ou à une suite d'expériences particulières, qui ont fixés les refléxions des prémiers inventeurs des Arts & des Sciences. Mais d'où vient que la Nature auroit attribué le droit d'invention à ces prémiers hommes, & ne l'auroit pas continué aux successeurs ? Car rien n'est plus évident, que depuis ce tems-là,

il n'y a plus de ſcience nouvelle, n'y d'art
nouveau parmi les hommes. Je n'ignore pas
que pluſieurs modernes auroient de la peine à
me paſſer cette propoſition: mais elle n'en
ſera pas moins véritable, pour tous ceux, qui
ne ſont pas prévenus pour la Buſſole, & pour
l'Aimant.

Ce que pluſieurs critiques ont dit de la Medecine, comme ſi c'étoit le fruit d'une infinité
d'expériences, dans la ſuite de pluſieurs ſiècles,
d'où le fameux Hipocrate a tiré ſes Aphoriſ-
mes, eſt fort ſujet à caution. Les preuves
qu'on en donne ſont fort équivoques. Les
Grecs de l'Aſie Mineure ont puiſé la Medecine
des Orientaux & Méridionaux, ainſi que le même Hipocrate en fait le rapport dans ſes ouvrages. Il peut bien paſſer pour Pere de la Medecine chez les Grecs, & même chez les Romains, qui ont preſque tout adopté ce qui donna quelque luſtre à la Grece: mais qu'eſt-ce que
cela en comparaiſon du reſte du monde? On
pourroit m'oppoſer que nous n'avons aucun
reſte qui témoigne aſſez favorablement pour la
Medecine des Chaldéens, des Egyptiens, des
Aſſiriens, des Medes, des Perſans, des Indiens,
des Scythes, & des Chinois: mais cet argument ne prouveroit rien; car l'ancienne Medecine des Européens, ne fut-elle pas auſſi ren-
verſée de fond en comble, & tout à fait enſé-
velie, par les barbares? C'eſt un bonheur qu'il
nous ſoit reſté encore quelques livres anciens,
échap-

échappés à la barbarie des Gots, & à l'ignorance & à la superstition monacale.

Si les Asiatiques & les Afriquains ne nous
ont pas transmis leurs anciens auteurs de Medecine; ils ne nous en ont point transmis d'autres non plus: ainsi l'argument ne prouve rien.
Au contraire toutes les traces qui nous restent
de l'antiquité, marquent bien positivement, que
l'expérience servoit de base, & le raisonnement
suivoit toujours, & décidoit de l'application.
A la vérité on raisonnoit sur des principes qui
n'étoient pas si mécaniques, que ceux de nos
jours: mais nous serions fort embarrassés de
prouver que dans ce siècle ici on guérisse plus
de maladies, que du tems passé: si vous en ex-
ceptez les spécifiques du Quinquina, de l'Hipeca-
couana, & du Mercure, qui n'ont triomphé
de leurs antagonistes, que depuis fort peu d'années.

On n'auroit pas moins de peine à persuader
les hommes sensés, que la connoissance de tous
les Végéteaux, & des Minéraux, aussi bien que
de leurs vertus, & de leurs prodigieux effets se
doive originellement à la seule expérience. Je
veux bien dissimuler, ce que les Gentils eux-
mêmes nous ont rapporté de certaines vertus
des herbes, révelées par les Dieux, & ce que
les Juifs à bon droit soutiennent de Salomon:
mais je ne saurois m'empêcher de rire de tous
ceux qui nous donnent pour exemplaires des
Acoucheurs les Crapauts; des Lavemens les
Cigognes, & de la Saignée d'autres animaux.

Il faut bien avoir une baſſe opinion de l'eſpèce humaine, pour lui donner des bêtes pour précepteurs; plûtôt que de leur accorder, une inſtruction divine. Je me garderai bien d'adopter des ſentimens ſemblables, non ſeulement pour l'honneur du genre humain ; mais parce que l'on doit ſe convaincre de leur fauſſeté. Quand même les hommes auroient apris quelque choſe des animaux, cela ne pourroit être arrivé, que par le raiſonnement, qu'on auroit fait ſur leur exemple; & c'eſt juſtement ce qu'on refuſe à l'ancienne Medecine.

CHAPITRE XI.

Cette petite digreſſion n'eſt pas hors d'œuvre. La Medecine a une analogie particulière avec la Jurisprudence. L'une & l'autre ſuppoſe une foibleſſe ou une infirmité dans les hommes; & en même tems un fond de ſanté, capable de ſe rétablir, & de ſe répriſtiner. S'il n'y avoit point de maladie, & point d'injuſtice parmi nous, il n'y auroit ni Medecine, ni Jurisprudence. A quoi bon la Medecine pour l'homme qui jouït toujours d'une parfaite ſanté, & qui ne ſauroit devenir malade? Ainſi à quoi ſerviroit la loi pour le juſte, qui ne ſauroit tomber dans l'injuſtice? Car non ſeulement la loi ſuppoſe toujours le crime: mais elle l'apprend & l'occaſionne en le défendant, ſelon

lon l'ancien proverbe *Nitimur in vetitum*. Cependant il faut bien se garder de l'équivoque, auquel on s'expose en parlant de la loi, qui a un double sens parmi les hommes.

L'idée que le vulgaire se forme des loix, n'est proprement que d'une volonté, & d'un pouvoir suprême, déclaré par une voix sonante, ou écrite; pour régler les actions des hommes, leurs droits, & leurs dépendances: Mais ce même vulgaire, remonte aussitôt à quelque chose de supérieur aux loix, lorsqu'il demande, si elles sont justes ou non. Cela marque bien positivement que la justice est généralement reconnue pour la loi suprême, & pour la source des loix; quoiqu'à leur tour les loix qui en découlent, rendent quelquefois juste, c'est à dire permis, ce qui ne l'étoit pas autrefois, dans des circonstances différentes. Il est juste, par exemple, que tout bon citoyen travaille à la défense d'une place, pendant son siége: mais si un tel citoyen devient malade, & qu'à son âge il puisse risquer la santé, il doit être dispensé du travail proposé. Cela vous fait rémonter encore à une loi supérieure à la justice même, qui est l'équité; c'est à dire une justice proportionnée aux forces, & aux convenances singulières de chaque partie, qui compose le Tout. Ainsi peu à peu on rémonte jusqu'à une certaine loi générale, que nous tâcherons de démêler; & qui pourroit bien se faire connoître l'unique & véritable source des Loix.

La

La Loi se prend généralemeut aussi parmi les Sçavans, pour cette nécessité naturelle, qui comprend l'Etre & le Bien-être de toutes les choses, qui ne sauroient exister ni subsister dans un état suffisant & parfait, sans posseder ni plus ni moins de ce que leur propre nature demande. C'est pourquoi elle embrasse tout ce qu'il lui faut, sans aucun vuide à remplir ; car le surplus ne serviroit, qu'à la surcharger, à l'embarrasser, & à la faire méconnoître. Voilà pourquoi on apelle Loi de la vue, la parfaite organisation de l'oeil, la proportion & la juste distribution de la lumière sur les objets, d'où elle réfléchit sur la retine, moyennant la pureté constante des fluides transparans & diaphanes. Le plus ou le moins de tout cela, est le défaut que la nature exclut de la vuë, sans cependant l'annoncer préalablement, ni en donner aucune idée, ni aucun penchant pour s'y abandonner, ainsi qu'on l'attribue aux loix positives. C'est par là aussi qu'on apelle Loi de la ligne droite, sa propre nature, qui subsiste parfaitement de soi-même, indépendamment de toutes les courbes imaginables. La Loi de la ligne circulaire, toute courbe qu'elle est, n'est pas non plus moins originelle de sa nature, sans aucun rapport, ni aucune dépendance de la ligne droite. Tous les Phisico-Mathématiciens ne disconviendront pas que la nature parfaite de chaque substance phisique, & de toute figure mathématique, est sa propre loi invariable, trop souvent ignorée, & trop souvent supposée,

fée, parmi les fçavans.   Point de raifonnement
au Monde fans la connoître ou la fuppofer : &
point de difcours fuivi, qu'on puiffe comprendre, fans convenir fur cette connoiffance.

Cette Loi n'eft donc que la Nature telle,
que fon prémier Auteur a bien voulû l'imaginer
en foi-même, & la produire extérieurement
par ces créatures, qu'on apelle des efprits, &
des corps, dont tout ce vafte Univers fe forme
& s'anime.   Ce n'eft pas le moment encore de
s'arrêter au deffein de l'Auteur fuprême, &
à l'idée intérieure qu'il fe forma de l'Univers,
& qui à notre égard eft fans doute éternelle.
Je m'arrête uniquement à confiderer, que la
Nature telle qu'elle fortit de fa main toute-
puiffante, dans un état d'intégrité, devoit ma-
nifefter la fource que nous réchçrchons, &
cette Loi primordiale dont toutes les autres
pouvoient émaner dans la fuite.   Mais hélas!
cette intégrité primitive a bientôt difparû fur la
Terre.   Auffi-bien ne faut-il qu'un inftant,
pour endommager & renverfer la vue la plus
parfaite, auffitôt que la moindre impureté fe
mêle dans l'humeur criftalline de l'oeil.   Il
n'en faut peut-être pas davantage, pour alterer
la refléxion de la lumière, & le rapport qu'elle fait des objets à la retine.   Voilà les uns ren-
verfés, d'autres redoublés, quelques uns ne
s'y tracer que fort languiffans, & d'autres enfin
n'y parvenir plus tout à fait, puisque le mal
augmente à grands pas, & le total aveuglement ne fauroit manquer de fuivre.   Plus la
machine

machine eſt délicatement travaillée, plus elle eſt ſujette au dérangement, & le moindre dé-rangement eſt plus fatal pour elle. C'eſt une ſuite indiſpenſable de la délicateſſe des parties; tout comme cette même délicateſſe eſt indiſpen-ſable, pour les machines d'un travail exquis, qui doivent agir avec une viteſſe & légéreté ex-trême: car il y a toujours moins de reſiſtance à vaincre où les parties ſont minces, & déliées.

Or auſſitôt que la Machine a ſouffert quel-que dérangement d'importance, on a beau s'-adreſſer à elle, pour apprendre la loi par la-quelle elle exiſte, & par laquelle elle doit agir. C'eſt ce qui arrive à la Nature humaine, au rapport de laquelle on n'oſeroit plus ſe fier. Auſſi bien voyons nous, que tous ceux qui s'arrêtent aux apparences qu'elle préſente, s'égarent inceſſamment, & tombent dans les contradictions, & dans les fautes les plus lour-des, & les moins pardonnables, pour n'avoir pas fondé auparavant le terrein, & examiné l'état d'intégrité ou de corruption où la Nature ſe trouve. Elle ne nous en avertit que trop en nous-mêmes, & dans tous les objets qui nous environnent. On n'a qu'à fixer un moment ſur un fol, & ſur un cadavre, & ſe demander après à ſoi-même, ſi cela convient, & combine avec tout ce qu'on remarque dans tout homme de bon ſens, & dans toute la beauté & la gra-cieuſeté du Sexe. Ces extrêmités qui ſont ſi bien marquées dans la Nature, doivent bien occaſionner toutes ces loix, ſi diſſonantes de la

droite

droite raifon, que nos Auteurs modernes ont ramaffé avec fi grand foin, pour faire honte au Genre humain, & le rabaiffer au deffous des Brûtes mêmes. Ce n'eft pas moins de là, que les Jurisconfultes de nos jours, fe contredifent inceffamment entr'eux, à moins qu'ils ne conviennent pour faire place au Pyrronisme, & au bout fatal où il mene infailliblement. O l'admirable Machine, dont l'action feroit de fe contredire inceffamment, & fe détruire enfin ! Cependant, n'eft-ce pa. là la Nature même, telle qu'elle fe préfente à nos yeux ?

CHAPITRE XII.

Non obftant cette Nature toute enrouée qu'elle eft, elle n'a pas tout à fait perdu fa voix : mais elle eft trop foible & obfcure, pour rétentir aux oreilles diftraites par le bruyant fracas du Monde, & des écoles modernes. Un Cumberland, un Gravina, un S. Hyacinthe, un Montesquiou, & tant d'autres, n'y fauroient faire une jufte attention. Ce n'eft pas, dis-je, qu'elle ne parle encore, fans qu'on puiffe s'y tromper : car, par exemple, dans les deux fexes, dans tous les âges, dans tous les climats, & dans toutes les circonftances, où des hommes fe trouvent, on y remarque toujours quelque chofe de fixe, qui ne varie point, & qui eft la même en tout tems, en tout lieu,

&

& dans chaque individu.   C'eſt là où on ne ſauroit méconnoître la Nature humaine, ſans s'arrêter à tout ce qui change & varie parmi les hommes.   Toute la différence des langages, des coûtumes, & des loix, ne prouve-t-elle pas, que l'humanité parle; qu'elle connoît, & conſent à une honnéteté, & à une juſtice? N'en fait-on pas de même lorsque l'on recher-che la Loi de la vue, & de tous les autres ſens? On s'arrête uniquement à ce que tous les yeux ont de fixe & de commun entr'eux, ſans faire attention à toutes les variations, particu-larités & différences qui pourroient ſe faire re-marquer, & ſingulariſer tout oeil en particulier, ſelon l'âge, le climat, la ſaiſon, & les circon-ſtances, où il ſe trouve.   Cela eſt bon pour prouver, que l'oeil eſt ſujet à des inconveniens par mille caſualités, & qu'il n'eſt pas dans un état de perfection invariable, de ſorte qu'il lui faut mille précautions pour ſe garder de tout ce qui peut lui nuire, & pour attraper tout ce qui peut le répriſtiner, toutes fois qu'il tombe malade.

Il ne faut pas beaucoup d'étude & de ſa-voir, pour ſe convaincre de cette vérité pal-pable.   Après ce que j'ai remarqué dans le Chapitre IX des différens ſentimens des hommes ſur les principaux Articles de la juſtice & des moeurs, il me faut peu à peu revenir ſur mes pas, pour y faire les conſidérations ſuivantes.

I. Un homme abîmé dans les douleurs & les frayeurs extrêmes, à charge à ſoi-même & à tous les autres, las de gémir & de craindre,

ſans

sans entrevoir de secours & de soulagement, souhaite la mort. Je le veux bien. Peut-être même son total annéantissiment, dont il n'a d'autre idée, que d'une insensibilité parfaite. Mais au contraire tout homme en bonne santé, dans la vigueur de son âge, au milieu des plaisirs qu'il goûte à longs traits, toujours à son aise, & sans aucun sujet d'appréhender aucun fatal revers, pourroit-il s'empêcher de souhaiter une vie toute éternelle ? Tout de même, un homme content de lui, & qui n'a peu ou point à se reprocher de ses actions, qu'il trouve bonnes, justes, & louables, demande de tout son cœur qu'il y ait un Dieu pour en être aimé & recompensé éternellement : qu'il y ait une Société qui l'approuve, qui l'admire, & qui lui rende l'honneur qu'il croit avoir mérité. Un scelerat au contraire dont les remords de la conscience sont le bourreau impitoyable, comme il ne s'attend qu'à l'infamie, & aux supplices les plus cruels; je comprend bien qu'il ne voudroit ni Dieu, ni Société, ni Prince. Mais peu à peu tachez de soulager le malheureux, de corriger tendrement le scelerat, & de reconduire l'un à la jouïssance de la bonne santé & des plaisirs, & l'autre à la justice, & à reparer tout le mal qu'il a fait, sans hésiter sur un pardon général: vous verrez nécessairement pour lors changer les souhaits de l'un & de l'autre, aussi-bien que de l'heureux & du juste, aussitôt qu'ils tombent dans les extrêmités contraires.

E A quelle

A quelle de ces deux extrêmités si oppofées vous arrêterez-vous, pour connoître l'humanité ? Si vous interrogez les hommes en général, le jugement eft porté depuis le commencement du Monde. A moins que de tomber dans la dernière folie, aucun n'ofera dire, que l'humanité fe reconnoiffe dans la foibleffe, & dans l'infirmité, qui la déguifent. Pour favoir ce que c'eft que l'homme, fes qualités, fes forces, fes droits, & fon activité, il faut le confidérer en bonne fanté, en reputation, en honneur, & dans une convenable difpofition de corps & d'efprit; hors du trouble, & de l'inquiétude des paffions, & fans l'aveuglement qui en eft la fuite ordinaire. Il n'y a peut-être point d'homme au monde, qui ne fe trouve quelquefois, pour quelque tems, & à quelques égards dans cette fituation heureufe : Du moins il en auroit-il fort peu dont on pût prouver le contraire. Ce font les traces de la Nature primitive. Mais hélas! des traces qui fe confondent aifément, & qui s'effacent quelquefois tout à fait, à peu près comme la vue, parmi le vivans.

II. Un homme dans la vigueur de l'âge, dans la ferveur de fa jeuneffe, pendant qu'il donne l'effort à toutes fes paffions, & à tous fes caprices, fe croit gêné par la Religion, & tache d'en fécouer le joug, en y renonçant tout à fait : mais foit avant de s'abandonner à cette licence, & franchir le pas, fans avoir rien à fe reprocher ; ou après avoir diffipé fes forces, évaporé fon feu, & rallenti par là fes paffions,

pour-

pourquoi auroit-il le même éloignement pour la Religion, & seroit-il gêné par le culte d'un Etre suprème ? Ce seroit peut-être, s'il désespéroit tout pardon de ses fautes passées : mais quoi qu'en dise Mr. de Mox., y a-t-il quelque Religion au Monde, qui n'établisse pas le dogme, qu'on apaise la Divinité, par les sacrifices, par les prières, & par les œuvres de piété, se convertissant sincérement, & rachétant le tems perdu ? Ainsi à la reserve de quelques malheureux, tous les hommes ont des tems bien marqués, pour avouer que la Religion est non seulement bonne; mais l'asile le plus consolant pour tous les mortels.

III. Je tombe d'accord qu'un homme emporté par la colère, & possedé d'un esprit de vangeance, n'épargnera pas la vie de son ennemi, & ne comprendra nullement, que n'aimant pas d'être tué lui-même, il ne doit pas tuer son semblable; mais cet homme pense-t-il toujours de même ? Quand il est tranquille, ou qu'il a le malheur d'offenser un autre, o pour lors il n'a aucune peine d'avouer que l'Axiome est juste & nécessaire à la société. Il n'y a peut-être pas un au Monde, qui n'en convienne sur les injures, sur les fraudes, sur les vols, & les brigandages qu'on lui fait, ou qu'on fait aux personnes pour lesquelles il s'intéresse. Les traitres, les brigands, & les plus grands scelerats, tout abominables qu'ils sont, aussitôt qu'ils ont quelque société, en conviennent à tout moment. Et vous oserez deman-

 der

der après fi la Nature humaine décide fur ces Articles-là ?

IV. Je l'avoue qu'un homme qui trouve fa femme à charge, & qui aime paffionnement celle de fon voifin, confent fincérement au troc ci-deffus mentionné , & ne demande pas mieux qu'un libertinage complet. Mais le troc foit fait, & accordez lui la femme qu'il adore, le trouverez-vous plus de même ? confentiroit-il auffitôt au même troc avec un autre mari, qui fe trouveroit dans le cas femblable au fien ? Trouveroit-il bon, qu'un libertinage général mît fa belle aux abois, du troifième jour qu'il la poffede ? Qu'eft donc devenû ce prémier homme ? Ce n'eft plus le même. Auquel des deux vous raporterez-vous, pour-entendre la voix de la Nature ?

Oui je confens encore, qu'un jeune homme bien fabriqué de fon corps, ne veut pôint de referve, pour s'abandonner à la fenfualité: mais peu à-peu il faut bien qu'il s'épuife, & qu'il tombe en défaillance. Pour lors peut-il fe paffer de comprendre, qu'il a facrifié une infinité de plaifirs, & de biens, à un feul, qui ne fauroit jamais valoir les autres enfemble. Penfe-t-il alors comme il penfoit pendant fa lubricité ? Que s'il ne penfe pas de même, ferez-vous fort embarraffé du tems & de la fi-tuation à laquelle vous devez lui ajofiter foi ?

CHA-

CHAPITRE XIII.

Il faut avoir renoncé au sens commun pour dire que c'est la constitution de la Nature humaine, d'être tantôt en santé, & tantôt malade: tantôt sage, & tantôt folle: tantôt dans le plaisir, & tantôt dans le chagrin : & que tout cela lui convient à sa place. C'est là le dernier des égaremens & des mensonges, que quelques Auteurs modernes ont déguisé par des ouvrages ingénieux, & d'un stile aussi flatteur qu'impie. Y a-t-il quelqu'un au monde qui voulût quelques fois être dans la douleur, dans la folie, & dans le chagrin, si ce n'est pour s'en épargner un plus grand? Un tel paradoxe ne mérite pas une plus grande réponse : car si personne au monde, en aucun tems, dans quelque climat que ce soit, ne consent ni à la douleur, ni à la folie, ni au chagrin ; c'est donc la Nature humaine qui y repugne toujours, & qui ne fait place jamais volontiers à tous ces malheurs - là.

Il est donc manifeste qu'à travers de toutes les contradictions, que nous avons remarqués ci-dessus, on decouvre dans la Nature un fond solide, uniforme, & constant, qui marque suffisamment ce qu'elle demande, & ce qui lui faut, & qui sont les traces infaillibles pour ré- monter à la source de ses droits, & de ses loix. Mais à qui se fiera-t-on , pour la fouiller si

 adroi-

adroitement, pour la développer des brouillards qui l'environnent, & pour la suivre sur les traces qu'elle nous présente ? Tout homme qui entreprend cette recherche n'a-t-il pas un sexe, un âge, & des préventions, dont il ne sauroit jamais se défaire tout à fait ? Aussi voyons nous que les plus clairvoyans, & les Auteurs les plus brillans de lumières, & d'honneurs, comme un Puffendorff, un Grotius, un Barbeyrac, & tant d'autres pas moins illustres qu'eux, ont été sujets, comme le grand Homere à sommeiller quelques fois, & à s'égarer, se donnant toutes les peines du monde, pour sauver les apparences, sur des Articles très importans.

Tout le monde n'a pas la force de commencer par soi-même à combattre l'erreur, & le vice. Cela est si rare qu'on auroit grand' peine, de reconnoître quelqu'un, qui l'eût entrepris sincérement, pour resister au penchant principal, qui l'entraine. On fait aisément le vigoureux sur tous les autres Articles ? On s'accuse, on se combat, on se vainc quelques fois sur plusieurs : mais on s'en dédommage toujours sur l'Article qui nous touche le plus. Le raisonnement qui triomphe par tout ailleurs, est sans cesse esclave dans cet endroit-là. Tout est bon pour donner des couleurs, & de l'apparence, à ce qui nous cause le plus grand plaisir. On excuse, on justifie tout ; & comme il n'y a rien de tel pour cela, que d'établir une nécessité invincible, un penchant, & un exemple général, aussi-bien que certaines conséquences

beni-

benignes, en comparaison des autres excès, qui ruinent & déshonorent l'humanité ; le plus sçavant est toujours le prémier à s'illuder lui-mème, & les autres aprés.

Un génie supérieur, joint à un tempérament amoureux, & à un âge robuste, pénétrera bravement dans la Nature, pour devélopper la justice sur tout ce que la colère, l'avarice, la mauvaise foi, & tant d'autres vices causent de malheurs aux hommes: mais ce n'est plus la même force de raisonnement, la même supériorité, & la même vigueur, tout aussitôt qu'il tombe sur l'article de l'amour. Il devient lâche, rampant, & pitoyable. Or comme le penchant est fort général là-dessus, tous ceux qui l'écoutent ne s'empressent guères d'approfondir son discours. On se dispense aisément de tout examen, sur le credit, que l'Auteur s'est justement concilié, sur tous les autres Articles, qui ne l'intéressoient guères. Ainsi l'erreur déguisé persiste; & le consentement général qu'on y suppose, l'établit, & le confirme peu à peu, lui donnant même un poid d'autorité, qui passe pour loi, de sorte qu'on n'ose plus y toucher. Il en arrive de même presque à tous les autres vices, par leurs Auteurs favoris: & je ne doute pas que s'il y avoit quelque Jurisconsulte Algerien ou Tunesin, il ne trouvât quelque honéteté, & quelque droit, dans la Piraterie, & dàns le Brigandage.

Il est très difficile de se défendre encore contre un équivoque, & un paralogisme très fré

quent

quent parmi les hommes. Il y a un mal qu'on préfere toujours à un plus grand. Il y a un autre qu'on fait, faute de pouvoir faire le bien qui devroit être à sa place. La société souffre d'un crime plus que d'un autre : & tout homme n'a pas la force & les moyens de faire tout le bien qui lui conviendroit. On tue un homme défendant sa propre vie, parce que le sang-froid, le discernement, & l'adresse manquent, pour sauver l'un & l'autre ensemble. On consent aux Courtisannes, pour s'épargner des plus grandes infamies. Les Archers, les Bourreaux, & l'horreur des supplices ne font bons, que pour prévenir & arrêter le torrent abominable des vices, & des cruautés, auxquelles les hommes corrompus s'abandonneroient sans cela. Là-dessus on se forme un préjugé fatal, car on envisage pour un bien réel, ce qui n'est qu'un moindre mal, qui en prévient un plus grand, faute des moyens de le remplacer par un bien convenable. Il n'a guères de sçavans mêmes qui ne prennent le change sur cela, sans compter les Auteurs devoués au païs, au gouvernement, aux intérêts des Princes, & quelquefois aux engagemens pris dans leurs précedens Ouvrages. Comment ceux-ci attaqueroient-ils, & renverseroient-ils des préventions dont peut-être ils ne s'aperçoivent pas, ou qui leur fuient & disparoissent aussitôt qu'on les leur fait envisager ?

CHAPITRE XIV.

Après ce petit échantillon, je ne fai fi on oferoit foutenir, qu'on puiffe fe fier à quelque particulier, quand même il feroit le plus
fçavant du monde, pour connoître & décider
folidement du jufte, & de l'honnête. Ainfi
quoique le fond ne manque pas dans la Nature,
le bon guide en feroit toujours incertain ; &
tout homme en particulier, feroit le plus orgueilleux & le plus téméraire du monde, de ne
vouloir s'en rapporter qu'à lui, dans cette importante recherche. Chaqu'un n'eft-il pas fujet
aux mêmes préventions, & à tous les égaremens qui en dépendent ? Quelle conféquence en
doit-il donc dériver, de toutes ces connoiffances auffi évidentes qu'elles font ? C'eft que l'Auteur de la Nature, ne devoit pas l'abandonner
dans la confufion, & dans l'aveuglement déplorable, où elle s'eft plongée : & qu'il devoit
l'éclairer, & la conduire lui-même dans l'importante recherche du bien & du mal, du jufte,
& de la fouveraine équité. Que les Jurifcon-
fultes qui fe font le moins écartés de la Revélation divine, y font mieux réüffi, que les autres,
tels que l'illuftre Grotius, & le docte Barbeyrac, non obftant certaines préventions, dont
ils n'ont pas ofé tout à fait fe défaire, faute de
courage, ou d'attention. Au contraire les er-
reurs les plus maffifs, & les plus dangereux, font

le partage de tous les Auteurs qui ont abandonné ou diffimulé la Revélation, pour y fubftituer, fans s'en apercevoir, les traditions humaines.

Car par exemple Mr. de M⁰ˣ. a-t-il rien fait
de plus dans fon grand Ouvrage, que donner
l'effort à fon génie, & déployer fes talens finguliers, pour raifonner fur un amas de loix,
de coûtumes, & de textes, choifis artiftement
pour les combiner avec fon fiftême ? Siftême
qu'il n'a pas ofé publier ouvertement, pour ne
pas choquer fes compatriotes, & la plûpart du
monde, fans même avoir obligé les Republiquains. C'eft déjà beaucoup d'avoir donné la
préférence à tous les rapporteurs des coûtumes
de l'Orient le plus réculé, fi fort fujets à caution; & d'avoir ramaflé les débris des loix Gre-
ques, Romaines, & des peuples la plûpart idolatres, dont il ne garantiroit pas toutes les in-
terprétations, & les conféquences, qu'il en a
déduites. Il parle de Gennes, & de Venife, où
je fuis né, & où il a paffé lui-même autrefois:
& cependant à l'occafion de réimprimer fon ouvrage, je ne doute pas qu'il en reformera la
plûpart des Articles, s'il aime la vérité. Quel
fond refte-t-il donc à faire fur le refte, qu'on
regarde à peu près, comme une fuppófition
perpetuelle ? Ah! fi cet admirable génie avoit
travaillé fur un fond plus folide, & fans les
préventions cultivées par fes gracieufes lettres
Perfannes; quel ouvrage précieux n'aurions-
nous pas de fa main?

Voilà

Voilà ce que nous attendrons toujours en vain, tandis qu'on n'ira pas fouiller refpectueufement dans la Révelation divine, qu'on doit confidérer comme une bafe facrée. Il faut s'élever au-deffus de la fombre atmofphère d'une corporéité impure, & peut-être même d'un Protée, qu'on ne faifit jamais bien, par le continuel changement de figures qu'il fait entre nos mains. Vous croyez d'embraffer un marbre, & ce n'eft que de la glace qui fe fond auffi-tôt, ou du feu qui vous brûle. Il en faut venir une fois, ou à nier abfolument qu'il y ait à notre égard une fource, une force, & un véritable efprit des loix ; ou bien qu'on ne doit la chercher que dans la Révelation.

Vous direz peut-être avec les prétendus efprits forts, qu'elle n'eft pas affez autentique, qu'il le faudroit, pour la fuivre auffi religieufement qu'on le demande pour en profiter. Mais avez-vous recherché foigneufement fon autenticité, fans vous obftiner à la combattre de gayeté de cœur, & à vous couvrir d'épaiffes tenèbres, pour ne la pas diftinguer ? Par bonheur, tout honnête homme qui a bien voulû s'attacher à cette recherche, avec un cœur droit & fincère, en a rapporté des fatisfactions fi confolantes, qu'il en a été content par toute fa vie ; & les preuves qu'il en a publié, fubfiftent toujours avec une folidité inébranlable. Ce qu'on a imprimé là-deffus pour & contre, m'eft bien paffé par les mains ; & je doute fort qu'on pût rien ajoûter à ce qu'on a ofé debiter dans ce

dernier

dernier fiècle, pour infirmer la Revélation: Mais un fouffle tout feul eft capable de renverfer, de fond en comble toute la machine de l'impiété. On fe feroit mettre aux petites maifons, fi on rejettoit généralement la Tradition humaine; & cependant ou il faut bien la rejetter tout à fait, ou reconnoître fur fon témoignage même la Revélation.

Cependant il y a des gens qui ont une figure, & qui portent un nom, lesquels avalent ces chameaux-là, comme des petites mouches. N'y a-t-il pas des Auteurs modernes, qui ont employé tous leurs foins, & fait les derniers efforts, pour perfuader que les vices & les crimes, ne font pas moins utiles & convenables à la Société humaine, que les vertus, & que c'eft affez que de feparer du commerce les fcelerats; comme fi on appréhendoit pour foi-même, les fupplices les plus flétrifans, & le plus cruels? A la vérité les coupables ne font pas pour cela tout à fait hors de la fphère de compaffion: mais les innocens qui en foufftrent, & la Société qu'ils détruifent, n'en mérite-t-elle pas davantage? N'eft-ce pas être pitoyable envers des malheureux criminels, de les délivrer le plûtôt qu'il eft poffible des cuifans remords de leurs confciences cautérifées, & de l'affreufe fituation d'une prifon, d'une galère, & d'un gêne miférable? Que fi vous fuppofez un criminel capable de fe mettre une fois au-deffus de tous les remords de la confcience, ne deviendroit-il pas auffitôt un monftre indigne de vivre?

Voilà

Voilà cependant où quelques Jurisconsultes modernes en sont venus: & malgré la dissimulation la plus fine, & l'adresse la plus recherchée, ils n'ont pas réussi à cacher tout à fait leurs sentimens dangereux, sur les Articles les plus importans du Droit, & de la justice. En suivant leurs principes, on en voit sapper tous les fondemens. S'ils n'en déduisent pas tout nét la conséquence eux-mêmes, c'est pour ne pas choquer, & rébuter aussitôt leurs Lecteurs. Ce n'est que petit à petit qu'ils leur en veulent, & c'est là-dessus qu'ils agissent conséquemment. *Si quod tibi vis alteri feceris;* ils sentent bien ce qu'ils veulent eux-mêmes, point de gêne, & paroissent de n'en point faire aux autres. Voilà comme on abuse de l'Axiome fameux, & comme tout le monde en abusera, à moins qu'un autre principe, ne le règle, & ne le borne, en préscrivant par avance, ce que chaqu'un doit vouloir lui-même.

CHAPITRE XV.

On m'objectera que la Revélation n'est pas moins obscure, & sujette à des contradictions, que la Nature même, & l'humanité. On se retranche sur les mistères, sur les variantes, sur les hebraïsmes, sur les traductions & les interprètes. On prétend que dans les Livres saints, on trouve toujours le pour & le con-

contre: & qu'enfin leurs plus religieux obfer
vateurs n'en font pas pour cela, ni meilleurs
hommes, ni meilleurs citoyens. Mr. Baile a
pouffé la témérité à l'excès fur cela, en parlant
de David, & d'autres illuftres champions de la
vérité revélée. Ce bouïllant critique s'eft fabriqué lui-même un modèle de fa façon, pour
y confronter tous les honnêtes gens, & les perfonnes les plus pieufes de la terre. Il n'eft
pas étonnant fi elles ne lui reffemblent pas.
L'honnêt-homme de Mr. Baile, eft celui dont
l'imagination eft toujours fouillée, par les objets les plus fales, & les moins charitables envers fon prochain. Il fe récrie à tort de fes
ennemis, puisqu'il leur apprend lui-même à fub-
çonner de mauvaife foi tout le monde: Et
comme la Religion n'eft pas fon fort affurément; il ne fauroit fe perfuader que d'autres
en puiffent avoir plus qu'il n'en a lui-même.
Son unique objet religieux, c'eft qu'on lui laiffe
tout dire, & tout faire, fans reproche, & fans
châtiment; car il n'accorde pas le même droit
à fes adverfaires; & ce n'eft pas en vain qu'il
le leur contefte. Sur ce modèle-là, on auroit
bien de la peine à former l'éloge de David, &
de tout autre honnêt-homme. Mais ce n'eft
pas Mr. Baile tout feul qui cloche de ce
côté-là.

Cependant un fçavant honnêt-homme qui va
tout droit à la fource des loix, qui en examine
la force, & qui en pénétre le véritable efprit,
conviendra qu'il n'y a rien qui l'arrête pour la
décou-

découvrir.dans la Revélation qui nous eft connue. .Rien n'eft plus manifefte pour lui,   que
ce même efprit des loix, tout unique, & con-
ftamment uniforme qu'il eft, doit lui-même produire des changemens confidérables dans les
loix particulières, qui paróiffent fe contredire
dans la fuite ; car les circonftances où les hommes fe trouvent, ne fauroient manquer de changer auffi.   Le régîme qui convient à une parfaite fanté, ne convient plus dès qu'on tombe
malade ; & le remede qui vous guérit dans une
maladie, vous tuë dans l'autre.   On ne fauroit
traiter de la même façon un homme à Batavia,
comme à Stokolm.   On vit fur la montagne
d'une manière, qui ne convient pas dans la
plaine, & fur les bords de la mer.   Une ju-
ment a befoin d'un éguillon bien plus fort,
qu'un cheval d'un cœur noble & généreux.

Un Efprit qui aime & chérit les hommes par
tout où ils font, & dans quelqu'état qu'ils fe
trouvent, ne fauroit fe difpenfer de proportionner fes loix, aux befoins & aux convenances qui leur font propres, pour les rendre heureux par tout.   Mais malgré toutes ces différences apparentes, on y découvre néceffairement
une uniformité, & une conftance invincible
dans le fond, pour le bonheur de l'humanité
également partagée à tous les individus.   Bonheur qui ne fauroit arriver que par la fageffe,
& par la vertu.   On a beau y fubftituer l'étude
Pyrronien ou fyftématique, & les grimaces du
fanatifme, quel qu'il foit : ce n'eft pas là la fageffe

geſſe & la vertu, d'où découle le bonheur des hommes, unique objet de l'eſprit des loix.

Un Etre ſuprème : Un Pere des hommes : Un dérangement phiſique communiqué par la génération à tous les deſcendans du prémier unique couple : L'identité de la même Nature, & de la même famille dans tous les hommes ſans exception : L'immediate diſpoſition d'une Providence abſolue, à qui on ne ſauroit reſiſter, mais qui aime à ſe laiſſer fléchir, & à remplir les ſouhaits ſincères & utiles de ſes créatures : Un Medecin, un Propitiateur, c'eſt à dire un Entremetteur tout-puiſſant, qui réunit la Divinité à l'humanité, pour les rapprocher autant qu'il eſt poſſible, fourniſſant les moyens néceſſaires pour effectuer dans ſon tems la répriſtination propoſée : ce ſont des Articles où il n'y a point d'obſcurité ni de contradiction naturelle. Point de pour & de contre ; point d'hebraismes ; point de variantes ; & point de traducteurs & d'interprétes qui ne ſoient pas d'accord. Il n'en faut pas davantage pour rémonter à la ſource des loix, ſans broncher, & ſans crainte de s'égarer. C'eſt là où vous trouverez la baſe immobile & ſacrée du véritable droit des Princes ſouverains, qui ſeroient bientôt ébranlés s'ils ne tenoient qu'à la force populaire, au chimérique point-d'honneur de la Nobleſſe, & à la vertu republiquaine. C'eſt de cette divine ſource, que peut émaner cette loi ſuprème qui règle l'Axiome, *Quod tibi vis alteri feceris,* ſans quoi ce ſeroit un véritable

poi-

poifon pour l'humanité corrompue comme elle eft. Appliquez cet Axiome à un homme malade & vous verrez d'abord les fatales conféquences qui en dérivent.   Il eft jufte que je traite les autres, comme je voudrois en être traité, fi le traitement que je prétends d'eux eft jufte & convenable.   L'ignorance, la foibleffe, & les paffions, qui envéloppent l'humanité, ne fauroient laiffer chaque individu en liberté de décider là-deffus.   Il n'y a que la Divinité toute feule au-deffus de cet horrible brouïllard : ainfi il n'appartient qu'à elle, de juger en dernier réffort de tout cela : & de faire couler de fon fein, l'agréable liqueur qui flatte, & qui nourit les tendres fruits de fon amour.

Je n'ignore pas qu'un grand nombre de fçavantiffimes perfonnes fe fcandaliferont, de ce que je propofe la Revélation comme l'unique fource des loix.   J'aurois bien voulu leur épargner ce petit chagrin : mais comme ils n'ont jamais rien montré de folide à cet effet, & qu'il a été toujours libre de les contredire ; il m'a bien fallû en revenir là, & courrir le hazard de leur déplaire, pour ne pas diffimuler le vrai dont je fuis pénétré.   Je ne viens qu'après les plus grandes lumières d'excellens Auteurs, dont j'ai profité, & dont je profiterai toute ma vie :   Auffi-bien eft-ce d'eux-mêmes que j'apprend cette route unique, puisque ils n'ont que trop fait connoître, que tout autre chemin étoit barré par des obftacles infurmontables.   C'eft en vain qu'on a voulû les diffimuler.

F

muler.

muler. On en eft frappé auffitôt qu'on fe préfente pour pouffer jufqu'au bout : & ceux-mêmes qui veulent bien s'aveugler de gayeté de cœur, pour ne les pas avouer, ont dû infailliblement en revenir la tête caffée.

Les objections ci-deffus mentionnées, ne m'arrêtent point : & j'ai lieu de les croire parfaitement confondues, par tout ce que j'ai ramaffé dans mes précedens ouvrages italiens, d'après tout ce que les meilleurs auteurs ont publié fur cet important Article. J'ai donné, je l'avoue, la préférence à ceux qui ont le plus témoigné leur grand fçavoir, par des mœurs bien règlées, & par des fervices importans rendus à l'humanité. Hélas ! Nous ne fommes que trop corrompus de nous-mêmes, fans que les interprêtes des loix, nous aident par leurs doctrines, & par leurs exemples, à nous abîmer davantage. Confervons, autant qu'il dépend de nous, un frain raifonnable, pour nous brider, dans les fentimens les plus intimes de notre Ame : car fans cela, la fociété, les Princes, & les mœurs, ne tiennent qu'à des fimples grimaces, qui font l'horreur & la ruine du Monde.

Je paffe à la force des Loix.

LA
FORCE DES LOIX.
SECONDE PARTIE.

CHAPITRE I.

Pour parvenir à connoître ce que c’eſt que la force des Loix; c’eſt à dire ce qui porte les hommes à les rechercher, à les aimer, & à les accomplir: ou bien ce qui les contraint à s’y ſoumettre, s’ils oſoient y reſiſter: & ce qui les reméneroit à ce devoir-là; il faut ſe rapeller toujours, ce que c’eſt que la loi, ainſi que nous l’avons marqué ci-deſſus. Je vais à en donner une idée en abrégé.

Il y a une Loi naturelle, qui conſiſte dans la néceſſité de l’être, & du bien-être de toute choſe: de ſorte que ſans cela, elle ne pourroit ſubſiſter, ni parvenir à ſa perfeſtion convenable. C’eſt cette Loi commune à toute la Nature, qui place tous les êtres dans leur juſte ſi-

F 2

tuation

tuation dans le Tout, pour fe donner la main,
& fe reciproquer l'activité, & les fécours indifpenfables, pour qu'il ne manque rien aux
uns, & que les autres n'ayent pas plus de ce
qu'il leur faut : de forte que tout foit diftribué
par une proportion règlée, qui fubfifte toujours,
ou qui puiffe fe repriftiner, fi la foibleffe, ou
la fauté de la matière, ne répondoit pas exactement, à l'intention du Créateur fuprème.

C'eft la fouveraine Intelligence, qui a tout
produit, & qui agit inceffamment dans la Nature, pour la conferver, la corriger, & la repriftiner, qui eft donc la fource unique de cette
Loi univerfelle, par le deffein, qu'elle s'eft
formé, & par l'objet qu'elle s'eft propofé, en
la produifant. A moins que de pénétrer dans
ce prémier deffein, & dans ce grand objet qui
a précedé tous les fiècles : tout ce qu'on en dé-
duiroit, fur ce qui paroît aujourd'hui à nos
fens, feroit fort fujet à caution. Je demande
à tout homme raifonnable s'il ofe fe promettre de pénétrer fi loin, fans que la même Intelligence fuprème, s'en foit expliquée elle-
même, par une immediate revélation ? Que fi
cela n'étoit pas, à quoi aboûtiroient tous nos
efforts, pour s'affurer de la véritable fource
des Loix, de leur force, & de leur efprit, c'eft
à dire, de leur intention ? Auffi-bien eft-il manifefte, par le bel ouvrage de Mr. de M**.,
qu'on ne fauroit attraper aucune fignification
fixe au titre éblouiffant de *l'Efprit des Loix.*
Après l'avoir lû d'un bout à l'autre, & y

avoir

avoir appris mille connoiſſances fort bonnes, & quelques réfléxions fort ſenſées ; vous n'êtes pas plus avancé, que tous ceux qui n'en ont jamais entendû parler, & qui ont vecu de tout tems ayant cet illuſtre Auteur.

Il y a une loi auſſi qui eſt particulière au genre humain, ſans qu'elle oblige aucun de tous les autres animaux de l'air, de la terre, & de la mer. C'eſt une loi de famille & de ſociété, dont tout ce qui n'eſt pas de l'eſpèce humaine, reſte manifeſtement exclû, car il n'en eſt pas ſuſceptible, & n'en ſeroit ni plus ni moins ſub-ſiſtant & parfait, en ne s'y ſoumettant pas. Ne vous arrêtez pas aux Caſtors, aux Abeilles de l'incomparable Mr. de Saumur ; aux nids, aux tannières des animaux, à la fidelité poëtique des tourtourelles, aux amours des roſſignols, aux envéloppes des petites chenilles, auſſi-bien qu'à cent autres mécaniſmes decouverts par les Naturaliſtes les plus exacts, & les plus fidèles ; car tout cela ne ſauroit pas plus ſignifier de rapport avec l'humanité, que la metamorphoſe des vermiſſeaux en papillons.

Un ſentiment conjugal, paternel, filial, fra-ternel, de ſeigneur, & de ſujet, n'a rien de commun avec les bêtes : tout autant que la com-préhenſion des commodités de la vie, des avan-tages de la ſociété, des précautions néceſſaires contre les injures de l'air, de l'eau, du feu, des inſectes, des bêtes, & des hommes mêmes, n'ont jamais parû, que parmi le genre humain, & ne ſauroient convenir qu'à lui. Point de ſciences

point d'arts parmi les animaux: car si les arts
qu'on leur attribue, étoient en quelque manière réelles, elles ne ressembleroient aucunement aux nôtres, & paroîtroient incompara-
blement plus parfaites, tout comme l'action de
nos machines. La seule Mécanique décide en
faveur des hommes, sans parler des Mathémati-
ques, de la Politique, & de la Morale.

A la vérité cette Loi particulière à l'humanité, découle nécessairement de la Loi générale
& universelle de la Nature, & n'en est qu'une
suite, car les hommes en sont bien aussi une partie, & même la principale, ainsi qu'on le démontre aisément: à moins qu'on ne leur refuse
toute sorte d'entendement, ou bien qu'on ne le
partage également à tous les êtres qui composent la nature: ce qui est insoutenable. C'est
ainsi que dans le corps humain il y a une Loi
générale, qui le gouverne tout ensemble; &
qu'il dérive de cette même Loi, une Loi particulière qui gouverne la tête, & qui ne convient
pas à tous les autres membres qui en dépendent. La loi de l'œil, n'a presque rien de
commun avec la loi de l'ouïe, de l'odorat, &
du goût. Il en est de même dans la Nature
universelle.

CHAPITRE II.

Quoique la génération soit commune aux animaux de toute espèce, les sentimens ci-dessus marqués du mariage, des peres, des enfans, des parens, des alliés, & d'autres qui en dérivent parmi les hommes, ne paroissent en aucune manière parmi les bêtes. S'il y en a quelques traces; elles ne sont que fort rares, & passagères ; & peut-être sont-elles uniquement interprêtées ainsi, par le rapport qu'elles ont avec les effets, que ces sentimens-là produisent parmi nous. On se fiéroit mal à propos, à l'extérieur d'une petite machine, qui représenteroit un carosse qui court au grand trot, avec ses chevaux, pour s'imaginer, qu'il seroit tiré véritablement par des petits animaux. C'est une image mouvante, qui nous trompe, & qui par son ressort interne, induit nos sens dans une équivoque manifeste. On se môqueroit de tout homme qui raisonneroit sur cette représentation, pour en déduire l'animalité de ces petites poupées.

En effect le mâle parmi les bêtes, se joint à la fémelle, & la fait concevoir, mais sans aucun objet de postérité, ni de se rendre heureux, & plus commodes pendant leur vie. La différence du sexe ne paroît pas même bien marquée dans toutes les espèces, & si l'on s'en rapporte aux Naturalistes, il y a grand nombre

F 4

d'her-

d'hermaphrodites parmi les bêtes, & principalement parmi les poiſſons, & les inſectes: du
moins une pluralité infinie de fémelles, en comparaiſon des mâles. Du moment que leurs petits ſont parvenus à une certaine ſuffiſance, ils
ne ſe reconnoiſſent plus. Les peres & meres
chaſſent à grands coups leurs enfans de leurs
nids, & de leurs tannieres: & ceux-ci bien loin
d'avoir aucun reſpect, aucun attachement, &
aucune reconnoiſſance, pour ceux qui les ont
mis au monde, & nouris juſques-là; ſont toûjours prêts à ſe battre contr'eux, pour la moindre nouriture, tout autant que contre leurs
freres, qu'ils craignent moins encore.

L'inſtinct qu'on remarque à pluſieurs eſpèces,
pour nourir d'abord leurs petits, n'eſt pas encore aſſez clair, pour aſſurer que ce ne ſoit pas
quelque choſe d'analogue à la communication
du ſuc nouricier dans les plantes. Que les produits ſoyent attachés intérieurement, ou déta-
chés comme les œufs, c'eſt à peu près comme
les fruits des arbres. Dès qu'ils ſont meurs,
ils ſe détachent, & ils tombent d'eux-mêmes.
Tout cela eſt ſi mécanique parmi les bêtes,
qu'il n'y a pas d'exemple, qu'un animal prenne
ſoin d'en nourir un autre de ſa même eſpèce,
qui auroit eu le malheur de gâter les organes
néceſſaires, pour ſe procurer la nouriture. Il
ne ſauroit ſe donner la peine de le traiter pour
le guérir: & le laiſſe mourir ſans ſécours, ſans
larmes, & ſans funerailles. Il faut donc
avouer, que l'inſtinct de nourir ſes petits

parmi

parmi les bêtes, ne dépend d'aucun principe de raisonnement intérieur.

Je n'ignore pas qu'il y a des Auteurs mêmes, qui rêvent mal à propos, pour insinuer, que tous les sentimens de mariage, de paternité, d'amitié, & enfin de société, ne sont que des effets & des suites de l'éducation, sans quoi les hommes ne seroient pas plus sociables, que les bêtes; & prétendent en donner des preuves par quelques sauvages, dont ils font des rapports imaginaires. C'est tout comme s'ils tiroient une semblable conséquence de quelque fol, qui passeroit les nuits à la belle étoile, enfoncé dans les bois; & qui ayant trouvé sa compagne, auroit communiqué sa folie à toute sa posterité, comme cela n'arrive que trop. Ce n'est pas de quelques particuliers qu'il faut déduire ce qui appartient à toute l'espèce. On se tromperoit fort d'attribuer aux chiens, aux singes, & aux éléphans mêmes, ce qu'on voit faire à quelqu'uns d'eux, qui sont dressés à certains jeux, & à rendre des services aux hommes. C'est sur le général qu'il faut raisonner, & c'est là-dessus, que le tort de ces Auteurs éclate aussitôt. Sur cette planche générale, on y découvre d'abord la foiblesse de leurs principes, & la malice des raisonnemens dont ils font usage.

Si l'éducation qui porte les hommes à la société, à la tendresse d'un véritable amour envers sa femme, ses enfans, ses parens, & ses amis, est la même par tout; elle y est donc déterminée & produite par la Nature, qui est la même

en

en tous. Que si cela n'est pas, & que malgré
la différence totale de l'éducation, les mêmes
sentimens éclatent par tout où l'humanité se
répand : il faut donc de toute nécessité, que la
Nature même influe, & protége les mêmes sentimens dans tous les hommes, dont les organes
ne font point fujets à quelque dérangement.
Choisissez lequel des deux vous voudrez, il
n'en fera pas moins démontré & véritable, que
le penchant naturel de l'humanité vous porte
à la société, à la tendresse, à la compassion, &
à tout ce qui en dépend.

Quand même on trouveroit quelque exception parmi les individus innombrables qui ont
composé, & composent le genre humain : tout
le reste des hommes, se joindroient ensemble
pour désapprouver tout sentiment contraire ;
pour le déclarer inhumain ; pour le corriger s'il
étoit possible ; & si cela ne se peut pas, pour en
punir les auteurs, & les féparer tout à fait de
la Société. Oseroit-on démentir un fait si constant, parmi le genre humain ?

S'il y a donc une Loi générale pour la Nature, il y en a une spéciale aussi pour le genre
humain ; & c'est cette dernière qui fait le Droit
des Gens, & qui indépendemment de toute préalable convention, lie & oblige toutes les Nations, & tous les peuples, à se réciproquer les
mêmes avantages, & les mêmes honneurs, comme entre les freres d'une même famille. C'est
en conféquence de ce droit général & fouverain,
que toutes les Sociétés font autorifées de se joindre

dre enfemble ; pour forcer les rebelles, & les punir par la guerre, l'efclavage, & la défolation, qui en dépendent, toutes les fois qu'ils oferoient fouler aux pieds ces droits facrés de l'humanité.

CHAPITRE III.

Ces deux Loix originelles & fuprèmes, ont dû de tout tems faire émaner de leur fein des Loix particulières, plus ou moins étendues, & durables, felon que la Nature, & l'humanité l'exigeoient : car l'une & l'autre eft fujette à des changemens confidérables, par la foibleffe, & la faute de la matière. Le fombre de l'Atmosphère qui s'exhaloit de leur fond corrompu, auroit enfin ecclipfé les deux loix dont nous parlons, fi l'Auteur & le Protecteur de la Nature, qui n'eft pas moins le Pere & le Gardien des hommes, n'eut pris foin de tirer ces deux Loix Architectoniques, des nuages qui les envéloppoient & les cachoient aux yeux des mortels. Voilà l'occafion & la néceffité de la loi divinement revélée, & la fource unique & principale de toutes les loix humaines, qui ne fauroient reconnoître d'autre fondement, que la Loi de Nature, & d'humanité, proportionnées au tems, au lieu, à la foibleffe, aux coûtumes & aux convenances des hommes.

Dans

Dans la prémière partie de cet ouvrage, j'eſpère d'avoir aſſez fait connoître les contradictions, & les obſcurités dont les hommes ont envéloppé la ſource des Loix : & comme ils ſe ſont caché à eux-mémes les vérités les plus eſſentielles, malgré les efforts de la Nature & de l'humanité, pour en préſerver dans leur ſein intime, le fond, & la ſubſtance. Je me flatte même d'avoir prouvé, qu'il ne ſauroit être permis à qui que ce ſoit, de ſe fier à ſon propre diſcernement, ni à celui des autres particuliers, pour pénétrer, & devélopper les Loix de la Nature & de l'humanité, & les tirer du broüillard qui les environne, en conſéquence de la corruption humaine. Ainſi à moins que la Divinité ſuprème n'intervienne elle-même par ſes ſoins paternels, à nous éclairer & fortifier dans ce pénible travail, nous ne ſaurions venir à bout de rien. Toutes nos peines pour cela ſeroient inutiles, & probablement pernicieuſes, ainſi que cela paroît par le grand nombre d'ouvrages publiés depuis une trentaine d'années, ſur la Nature & l'humanité, par les prétendus Franc-raiſonneurs.

Enfin je ne doute pas qu'en conſidérant la multiplicité, & la variété des Loix humaines, dont nous nous trouvons comme hériſſés de toutes parts ; on ſera contraint d'avouer, 1) Que l'homme eſt bien malade, puiſqu'il lui faut tant de différentes medecines, & des régimes ſi extraordinaires pour ſe conſerver. 2) Que tout cela ne produit point l'effet propoſé, puis-

qu'il en faut toujours de nouvelles, pour reparer le défaut des autres qui ont précedé. 3)
Que nous ne nous promettons pas mieux, de
toutes celles que nous pourrions inventer : &
4) qu'en les aboliſſant tout à fait, le Monde
tomberoit d'abord dans un chaos le plus déplorable & fatal, qu'on puiſſe imaginer, & ſe per-
droit ſans reſource en moins d'une ſeule génération.

Voilà ce que tous les plus ſages Legislateurs,
& les Jurisconſultes les plus éclairés, ont avoué
de concert, dans leur doctes ouvrages, & ce
qu'on ne ſauroit leur conteſter, ſans tomber
en démence. D'où vient cela ? Cependant on
ne ſauroit nier, que toutes les Loix humaines,
ſont, du moins pour la plûpart, une émanation
de la Loi de Nature & d'humanité : mais ſi
confuſe & incertaine, que bien ſouvent on a
pris la corruption pour la Nature, & la prévention pour l'humanité. C'eſt delà qu'il
n'eſt pas rare de trouver des loix parmi les
peuples, qui favoriſent les vices, & qui juſti-
fient les crimes; de ſorte que le mal augmenté
à l'infini à moins que le dommage extrème qui
en revient, ne reveille les hommes, & les porte à ſécouer ce joug tirannique & cruel, pour
ſe ſoumettre à un autre, qui quelquefois ne
vaut pas la peine du troc.

Mais quand même l'émanation ſeroit bonne,
& le fond d'où la Loi humaine eſt tirée, ſeroit
la pureté même de la Nature, on ne ſauroit

s'en

s'en promettre beaucoup; car en paſſant par des
mains auſſi corrompues, que celles des mortels,
elle ne ſauroit manquer de contracter des ta-
ches, & des impuretés dans l'exécution. C'eſt
pourquoi on ne ſauroit ſe paſſer de tems en
tems de la corriger, de la purifier, & de lui
donner un nouveau degré d'activité & de force,
pour qu'elle produisît ſon effect. C'eſt delà,
que la Loi même revélée a été ſujette à des re-
formes, & a dû ſe refondre quelquefois, pour
ſe proportionner à la foibleſſe, & aux infirmités humaines: tout comme la nouriture la plus
parfaite, & le vêtement le plus précieux, a beſoin de reforme, & de purification, à cauſe des
ſouillures, que la digeſtion interne, & les ex-
halations externes lui communiquent indiſpenſablement. Voilà d'où proviennent uniquement les obſcurités, & les difficultés d'interprétation, qu'on obiecte à la Parole divine. C'eſt
que des hommes y ont mêlé leurs préventions
& leurs foibleſſes. Reſpectez-la comme il faut:
& la voilà d'abord auſſi claire, vive, coulante,
forte, & ſalutaire, qu'on la pourroit ſouhaiter: mais tandis que vous la barbouillez d'ex-
halations bourbeuſes, c'eſt en vain que vous y
recherchez cette pureté parfaite, qui répond à
la ſource ſacrée d'où elle émane.

CHAPITRE IV.

Ce n'eſt pas tout. C'eſt la force qui manque aux Loix, & c'eſt par leur foibleſſe, qu'elles ne ſauroient ſubſiſter à la longue, & produire immanquablement leur effet. Je ne parle ici que de la Loi entant qu'humaine, puiſque toute Loi quelle qu'elle ſoit, devient humaine auſſitôt, qu'il appartient aux hommes à la comprendre, à l'embraſſer, & à l'exécuter. La loi peut étre robuſte, & forte en elle-même, au ſuprème degré, & s'affoiblir auſſitôt qu'elle tombe entre nos mains, tout comme Samſon entre les génoux de Dalila, & l'acier le plus dur dans la fournaiſe.

Mais ne vous imaginez pas, que je veuille parler de la force extérieure, des ſupplices, de l'infamie, & de la mort. Ah ! Non. Tout cela n'eſt que le plus foible des loix, ainſi qu'on le verra dans la ſuite. Toute force qui eſt entre les mains des hommes, participe à leur foibleſſe & à leur laſſitude. Plus la ménace eſt rigoureuſe, moins elle obtient ſon effet. Chez les peuples les plus barbares, où on a moins d'égards pour l'humanité, les hommes parviennent à l'excès de s'y accoûtumer peu à peu, & de s'apprivoiſer avec les peines les plus ignominieuſes, & les plus rûdes. On va juſqu'à les braver. La mort n'eſt que trop ſouvent un bien pour des ſcelerats déſeſperés;

& en Angleterre pour des perſonnes tant ſoit
peu laſſes de vivre. Au contraire les peuples
civiliſés & polis, ne ſauroient que faire un uſage fort rare des tourmens, & des ſupplices les
plus cruels, car on n'y reconnoît gueres de proportion avec le crime : ainſi on ſe flatte aiſé-
ment d'échapper, & on n'échappe que trop à
la peine.

Bien des Legislateurs ſe trompent fort en
ſuppoſant tous les hommes parfaitement égaux.
Point du tout. Un barbare eſt barbare dans
ſes plaiſirs & dans ſes tourmens, car il eſt barbare. Un homme poli & cultivé eſt poli &
cultivé dans ſes plaiſirs & dans ſes chagrins, à
proportion de ſa politeſſe, & de ſa culture. Il
faut raiſonner des hommes tels qu'ils ſont, &
non pas tels qu'ils devroient être, ou tels qu'on
les voudroit ; à moins que par une longue éducation on ne ſoit parvenû, comme un Minos &
un Licurgue, à donner à ſon peuple des ſentimens proportionnés au grand objet du Legislateur. C'eſt ainſi que toute la force extérieure,
devient foibleſſe à l'égard de la loi, auſſitôt
que l'intérieur des hommes n'eſt pas préparé
pour l'effet, qu'on ſe propoſe.

A la vérité la mort & les tourmens effrayent
tout homme d'abord : mais n'y fixez pas longtems, car leur aſpect hideux & horrible, s'é-
vanouït peu à peu, & on en vient juſqu'à les
embraſſer, & à les ſouhaiter, auſſitôt que
l'homme ſe fait à l'honneur, à la gloire, à l'a-
mour de la Patrie, à une forte tendreſſe pour

fa femme, pour fes enfans, & quelquefois pour fon ami; fans compter ce qui regarde la Religion, & la défenfe de fa propre vie. Ah! qu'il y auroit de belles réfléxions à faire fur tous ces Articles-là : et demander après à Mr. de M^ou., fi c'eft uniquement les efpèrances éternelles de la Religion, *qui font échapper les hommes au Legislateur?* Je ne fai s'il oferoit nier que l'amour de la Patrie, chez le Grecs & les Romains ; qu'une Maitreffe tendrement aimée par toute la Terre ; que Je point d'honneur des François à la guerre, & l'entêtement tout feul en Angleterre, n'en feroit pas de même? Pourquoi n'a-t-il parlé que de la Religion toute feule?

Je ne faurois m'empêcher non plus de remarquer, que les maux les plus aigus, ne durent guères, & que leur fin qu'on envifage fort proche, diminue beaucoup de leur tourment: de forte que la mort même n'eft que trop fouvent confiderée comme un bien, par les hommes qui languiffent dans les douleurs, & plus encore par ceux, qui font furpris tout d'un coup, par une terreur violente. Ils fe jettent pour lors d'eux-mêmes, entre les bras de la mort, comme dans un afile : & le feul afpect d'une ignominie publique entraine les hommes jusques-là, & les femmes auffi; du moins chez les Infulaires du Ceilan, puisqu'elles n'héfitoient pas de fe jetter toutes vives entre les flammes du boucher de leurs maris défuncts.

Je n'ai garde de toucher à préfent à la trom-
peufe efpèrance de la plûpart des coupables,
d'éluder le châtiment, & d'échapper à la peine
que la Loi impofe; car cela eft fi généralement
connû, que tout le monde avoue, que trois
quarts des criminels de toute la Terre, ne font
devenus fcelerats, que par cette illufion. Ce
n'eft pas qu'il n'y ait une infinité de cas, où les
coupables ont fi bien pris leurs méfures, qu'ils
ont effectivement fruftré les pourfuites de la
Juftice, & échappé au fupplice. Sans cela tant
de monde n'en feroit pas la dûpe. Mais ces
malheureux devenus téméraires par leurs prémières réüflites, font retombés après avec fi
peu de circonfpection dans leurs crimes que la
plûpart n'a pas manqué de fe faire attraper, &
de porter enfin la jufte punition de leurs forfaits.

Il ne faut pas s'imaginer, que cela dépende
d'une efpèce de relâchement dans les magiftrats:
car c'eft toujours une queftion, fi la fréquence
des fupplices publics foit plus avantageufe que
leur rareté. Ce qui eft parfaitement décidé
par une fuite conftante d'événemens rapportés
par l'hiftoire ; que toutes les fois qu'un Prince
fouverain a voulû fe roidir, & fe rendre inflé-
xible, contre les crimes, donnant tout l'effort
imaginable aux forces dont il peut difpofer;
c'eft alors que fa propre foibleffe a parû, par
la refiftance des peuples, allarmés, foulevés,
& pouffés jusqu'aux dernières extrêmités. Il
fallut toujours en venir à reformer le gouvernement, & à radoucir les loix. Le meilleur
fujet

sujet d'un Prince ressent parfaitement sa propre foiblesse, & craint toujours de tomber dans quelque faute. D'abord qu'il voit une rigoureuse vangeance qui veille sur le moindre crime, il prend part aussitôt avec les coupables, quoiqu'il soit innocent, & qu'il déteste le crime; & pour lors la foiblesse du gouvernement éclate.

Ainsi la force des Loix ne sauroit consister uniquement dans les peines que l'on ménace, & qu'on inflige aux criminels. On y échappe souvent. On les brave quelquefois; & on ne s'y arrête jamais, à moins qu'on ne les craigne sincérement, sans imaginer des sauve-gardes, pour s'en mettre à couvert. Pour craindre, il faut aimer le bien qu'on ménace de nous enlever par la punition: & pour aimer, il faut que l'objet de notre amour soit bien connû, & nous persuade du parfait bonheur que nous aurons à le posseder, & à le conserver. Un homme qui traine une vie misérable, dans un pauvre & méchant Bourg, où il a peu ou point de parens, & où il n'est guères à son aise; ne s'embarrassera guères du bannissement, qu'on lui ménace. Un autre qui a franchi les bornes de l'honneur & de la honte, par des mœurs tout à fait déréglées, ne s'inquiéte point du pilori. Ce n'est pas rare pour des misérables, de se vendre forçats sur les Galères.

CHAPITRE V.

Mais ce qui rend plus foibles encore toutes les Loix humaines, c'eſt la branche des recompenſes, que tous les Legiſlateurs ont preſque oublié; ou bien qu'il ne leur fut pas permis de toucher, faute de moyens. Ce n'eſt que le ſeul admirable Moyſe qui la fait marcher du pair avec les peines, & ce n'eſt peut-être qu'à lui qu'il étoit permis de le faire; vû la Toute-puiſſance divine, qui garantiſſoit les promeſſes & les ménaces, qu'elle faiſoit elle-même, par ſa bouche.

Tous les autres Legiſlateurs ont cloché de ce côté-là & paroiſſent regarder les hommes comme des créatures, à qui la plus grande grace qu'on leur peut faire, c'eſt de ne les pas tourmenter, & de ne pas leur ôter la vie. Y a-t-il rien de plus choquant, pour le genre humain? De leur côté les Legiſlateurs vous diront, qu'ils n'en pouvoient faire autrement, ayant ſuppoſé toujours mille perſonnes de bien, contre un méchant. Comment donc recompenſer les mille? Ajoutez, que les perſonnes de bien, ne font que ce qu'elles doivent être, pour porter avec elles leur recompenſe, en jouiſſant des biens de la ſociété, qui ne ſauroient manquer, auſſitôt qu'un chaqu'un fait ſon devoir, & que les méchans font ſéparés & punis.

Cela est bientôt dit: mais 1) il n'y a pas peut-être un seul entre mille, qui fasse exactement son devoir dans la société, & le moindre défaut porte des conséquences très pernicieuses, qui vont quelquefois à l'infini. Ce sont les petits défauts, qui sappent les bases de la société; & non pas les grands, qui sont bientôt connus, & corrigés. 2) Ce n'est pas tout qu'on ne fasse aucun mal aux autres: c'est qu'il leur faut rendre autant de bien qu'ils nous en font; & même prévenir par nos bienfaits, les plus languissans & tardifs à nous en faire: ainsi que cela est démontré par les Loix du mécanisme. 3) Point de peuple au monde se croit heureux, pour avoir seulement ce qui suffit pour soutenir sa vie & sa famille, ce qui n'arrive presque jamais parmi le menû peuple, qui fait toujours le plus grand nombre dans toutes les Nations.

Le sentiment général de l'humanité est bien expliqué dans ces paroles: *Beatus populus qui scit jubilationem.* C'est la joie, qui provient des plaisirs, & des divertissemens, qui fait qu'un peuple se croit heureux, & qu'il n'hésite point à tout sacrifier, pour soutenir la forme du Gouvernement, qui le rend heureux, & lui accorde des spectacles & des divertissemens fréquens. Cela le revanche d'une infinité de peines, & de fatigues, qu'il lui faut pour gagner de quoi vivre. L'homme est tellement fait pour le plaisir, qu'à son prémier abord, il oublie presque aussitôt tous les chagrins qui le précedent: d'autant plus qu'il ne sauroit arriver de spectacle & di-

ver-

vertissement public, sans répandre beaucoup
d'argent parmi le peuple, & fournir des moyens
importans pour se procurer de quoi vivre, &
produire une abondance presque générale.
Tout homme aime mieux souffrir, & se divertir, que ne se divertir jamais, sans jamais souffrir.
La privation de toute sorte de soulagement, est
un martire continuel.

Toutes les Nations les plus civilisées & polies, ont bien compris cela; & les Grecs & les
Romains en avoient assez appris des Orienteaux,
qu'il falloit aux peuples, des fêtes, des spécta-
cles, & des divertissemens publics, de tems en
tems.   Les Barbares mêmes en ont à leur manière, & je ne connois point de peuple en société, qui n'ait des tems marqués d'assemblées
publiques, pour fêter leurs Dieux, leurs victoi-
res, leurs mariages, & leurs funerailles.   Si
l'on peut se fier aux rapports des voyageurs, il
en a dans l'Orient le plus réculé, d'assez lubri-
ques, pour divertir tout le peuple, deux ou
trois fois par an.   C'est pousser la chose fort
loin, & le grand admirateur des Orientaux seroit bien embarrassé de les excuser sur cela. Le
grand Moyse a très sagement joint la Religion
à la Politique dans tout cela: aussi-bien ces
deux règles principales de l'humanité, doivent-
elles marcher d'accord en tout;   autrement la
politique ne sauroit se soutenir longtems.

Les Loix militaires prouvent bien, qu'il faut
joindre les recompenses aux peines, pour contenir les soldats dans l'obéissance.   En effet
elles

elles font les plus refpectées, quoique le nombre dans une Armée, foit en proportion, avec les peuples d'un gouvernement politique. Auffi-tôt que des foldats n'auront plus que des fupplices à craindre, & point de recompenfe à efperer, l'armée défertera bientôt, & la crainte ne fera que des lâches, & foufflera jufqu'à la moindre étincelle de générofité & d'héroïsme. Sans contredit les Loix militaires font les plus en vigueur, parce qu'elles joignent la recompenfe à la peine. Cependant elles ne font pas auffi fortes qu'il le faudroit, pour s'en promettre un effet infaillible & général. Elles valent mieux que les autres, mais ne valent pas autant qu'il leur faut. D'où vient cela? C'eft que tous les Soldats ne font pas également perfuadés des maux qu'on leur ménace, & des biens qu'on leur promet. Cette perfuafion intérieure eft la grande clef du jeu.

· Les Republiques qui ont le plus réüffi parmi les hommes, font celles qui ont fixé des recompenfes d'honneur pour leurs concitoyens, qui auroient éclaté non feulement par les armes, mais par les lettres encore, par l'éloquence, & par des exemples mêmes de toute forte de vertus. Or ces recompenfes n'auroient pû flatter que des perfonnes qui goûtoient l'honneur, & qui adoroient l'idole de la liberté politique; après que les peuples avoient été dreffés à cela, par une éducation conftante, & confirmée par les fêtes & les fpectacles publics: En effet les recompenfes auffi-bien que les pei-

nes,

nes, n' ont de force mouvante parmi les hommes, qu'autant que ceux-ci en ſont perſuadés
intérieurement; & qu'ils s'attachent aux biens
qu'on leur propoſe, & dont ils apréhendent la
perte ſi fort, que la vie même leur dévient à
charge auſſitôt qu'ils déſeſpèrent de les poſſé-
der. Enfin cette perſuaſion eſt toujours la
clef du jeu, ainſi qu'on l'apprend admirable-
ment bien par la Medecine.

Vous ne voyez guères d'hommes approcher
de ſang froid à la bouche, un poiſon mortel;
car la perſuaſion eſt générale, qu'on ſe donne
infailliblement une mort douloureuſe, & qu'on
n'a aucun plaiſir à goûter. Au contraire il
n'eſt pas rare qu'on mange des champignons,
& qu'on s'attache à des filles perdues, entrainé
par le goût & le plaiſir qu'on ſe propoſe; car
on ſe flatte de n'avoir aucun mal à craindre, ou
bien qu'on aura toujours le tems d'y apporter
des remedes. Mais auſſitôt que nous ſommes
perſuadés ſincérement, qu'il n'y a pas grand
plaiſir à goûter, & que le risque eſt inévitable
de ſe perdre; perſonne ne hazarde plus; & ſi
quelqu'un oſoit le faire, tout le monde le con-
damne, & n'a pas même compaſſion de lui. On
prétend que tout homme qui n'eſt pas tombé
en délire, s'en doit rapporter auſſi à la perſuaſion générale dans les affaires de conſéquence.

Ce n'eſt pas tout encore. La Medecine
nous apprend que *l'Aprenſione fà il caſo*, comme porte le proverbe italien. Toutes les fois
que

que l'imagination forte réalife quelque objet
qui ne fubfifte pas; il en dérive phifiquement
le même effet, comme fi l'objet étoit réel hors
de nous. On a vû quelquefois des Domqui-
xottes faire des actions auffi brillantes, que les
héros de l'antiquité, pour leur patrie, & pour
la gloire. La force de l'imagination ôte quelques fois la réalité aux objets, & quelques fois
réalife des chimères. C'eft donc la perfuafion
interne qui eft le reffort principal des actions
humaines, & des paffions qui nous entrainent :
& c'eft que tout fage Legislateur doit tacher
de produire, pour donner quelque force à fes
Loix.

CHAPITRE VI.

A moins que les hommes ne foient bien perfuadés, qu'ils ne pourront jouïr des biens
qu'ils fe propofent, & éviter les maux qu'ils
appréhendent le plus, que par le feul accompliffement des Loix : toute Loi eft foible & languiffante & ne promet généralement aucun effet.
Il fuffit pour l'énerver, qu'on puiffe fe flatter
de jouïr des plaifirs, & d'éviter les douleurs,
fans l'accomplir, ce qui n'arrive que trop parmi les hommes.

Mais ce n'eft pas tout, qu'on foit perfuadé,
que l'un eft un Bien, & l'autre un Mal, pour
courrir au prémier, & fuïr le fecond : il faut

fe

fe perfuader que le bien eft d'une néceflité ab-
folue, & le mal d'une fenfibilité infupportable.
'Tout le monde n'eft pas généralement d'accord
fur le Bien eft le Mal, faute de réfléxion : mais
auflitôt qu'on porte les hommes à y réfléchir
meûrement, ils ne fauroient s'empêcher de tomber d'accord au moins en gros ; car la fenfation délicieufe eft presque générale, & la dou-
loureufe l'eft encor plus.   On convient aifément qu'il faut préférer le durable au paflager,
le folide au creux, & le réel à l'imaginaire. Cependant comme en détail il y a des plaifirs incompatibles entr'eux, & qu'il faut choifir :   il
n'arrive que trop que le choix libre fe fait différemment par les hommes, felon les difpofitions différentes dans lesquelles ils fe trouvent.
Quant aux maux, & aux douleurs, on les re-
jette abfolument toutes, par une repugnance
naturelle : mais il arrive fouvent que la prévention, l'ignorance, & la fcience même pro-
duifent par un effet aflez naturel, qu'on préfére un mal, & une douleur, qui nous préferve
d'une plus grande ;   ou bien qui femble nous
conduire à quelque bien cheri, qu'on achette
volontiers, par fupporter un chagrin qu'on fe
perfuade inévitable, pour l'obtenir.

Enfin à force de jouïr du plaifir, & à force
de fouffrir la douleur, la fenfation n'eft plus fi
vive, ni de l'un ni de l'autre.   Leur pointe
s'émouffe, & peu à peu on s'accoûtume à fe
paffer du prémier, & à tolerer le fecond : ainfi
qu'il eft démontré par l'habitude du travail, &

de

de l'étude, dont enfin on se fait un plaisir, après s'en avoir fait quelque tems un devoir. C'est bien par là qu'une loi qui vous préserveroit d'une telle douleur, ou qui vous procureroit un tel plaisir, deviendroit avec le tems froide, & bientôt après tout à fait inutile. Peut-être même odieuse, ainsi qu'une infinité d'exemples le prouvent manifestement. Une loi qui procureroit à un enfant le plaisir de se rassasier de fruits, & qui le mettroit à couvert de la nécessité d'apprendre à lire, à écrire, à étudier &c. auroit une force & une influence infinie pour lui, pendant son enfance : Mais tout aussitôt, qu'il ne goûte plus tant les fruits, & qu'il commence à goûter l'honneur de paroître parmi les honnêtes gens; la prémiere loi n'auroit plus aucune force pour lui : & peut-être même l'abomineroit-il. Ce n'est pas la Loi qui change : c'est l'homme qui a changé, & le plaisir, & la douleur, ont changé avec lui.

Or je défie tout homme de se persuader qu'il ne mourra point : ou bien que les plaisirs & les chagrins de cette vie mortelle, ne changeront pas : de sorte qu'il puisse compter sur la jouïssance continuelle des uns, & désesperer la délivrance des autres. Plus on y fait de réfléxion, plus on en est convaincû : mais sans même beaucoup réfléchir, tout homme en général se défie de la constance des biens, & des maux présens; & prévoit mille cas possibles & probables d'un soudain changement. C'est donc là une autre source encore de foiblesse pour les Loix humaines.

maines. Vous auriez bien de la peine à parer le coup terrible, que cela leur porte; & je doute fort que tandis que les peuples n'auront d'autre idée de Bien & de Mal, que pour leur vie mortelle, on trouve des Loix assez fortes pour les régler, & les contenir dans les justes bornes de leur devoir. Vous leur persuaderiez encore moins, que les plaisirs qu'ils se proposent, & les douleurs qu'ils fuient, dépendent de l'observation des Loix. Mille refléxions, & cent mille exemples apprennent à tout moment, qu'on attrape le plaisir, & qu'on évite le chagrin, indépendamment des Loix, & quelquefois même en y contrevenant. Le Monde ne manque pas d'un certain goût dépravé qui trouve du plaisir à rompre en visière avec la loi même, & qui regarde comme un gêne insupportable, le droit salutaire, qu'elle prend sur les hommes.

Vous imaginerez-vous après cela, que la Loi soit bien forte entre les mains des hommes, qui n'auroient de connoissance, & de goût que pour les biens périssables, & changeans de cette vie mortelle? Si les prétendus Esprits forts faisoient quelque cas de la conscience, & de la sincérité, je m'en rapporterois volontiers à leur témoignage tout seul, pour décider là-dessus: car toute loi n'est pour eux, qu'un être de raison, un rien étonnant, ou plûtôt un fantôme hideux. Mr. de M^{ou}., qui veut bien paroître avec sa Religon, s'en est laissé imposer par des doctrines semblables, en plus d'un endroit de son *Esprit des Loix;* & particulièrement au Chapitre II,

de

de fon XXVIme livre, où il dit tout naïvement: *Il y a des Etats où les loix ne font rien, ou ne font qu'une volonté capricieufe & tranfitoire du Souverain.* Je dois bien inférer de cela, qu'il y doit avoir des Etats auffi, où les loix font quelque chofe de réel; mais je ne demande que ce fimple aveu fincère pour le préfent: car je fai bien que les loix ne font rien, que pour les hommes d'un tel Etat. Ah ! que les Souverains de cet Etat-là font bien peu de chofe, puisque les loix qui les établiffent, & qui les garantiffent, font reputées pour un rien par leurs peuples.

CHAPITRE VII,

Tous les Legislateurs ont bien penfé différemment fur cet Article capital. Ils fe font bien gardés d'ignorer que la force eft toujours relative au fujet, & à l'objet même : & qu'un être réel & puiffant, peut devenir très foible en comparaifon d'une refiftance égale. C'eft pourquoi ils ont tous compris, que pour faire prévaloir leurs Loix, il falloit commencer par établir parmi leurs peuples, la perfuafion invincible d'une recompenfe, & d'une peine éternelle, qui ne feroit plus fujette à changement. C'eft ainfi qu'un prudent Medecin bien perfuadé qu'un tel régime de vivre eft indifpenfable pour conferver la vie, & réprifiner la fanté au malade ; ne sauroit le lui faire entreprendre, & goûter, sans lui remettre devant les yeux, le danger qu'il court, & les plaisirs qui accompagneront, & suivront sa guérison parfaite. · Or tout cela est très réel, de quelque manière qu'on le prenne, & quelque tour qu'on lui donne.

Les Novateurs modernes se sont sottement moqués de Minos, de Licurgue, de Numa, & d'autres qui, pour donner du poid & de la force à leurs Loix, les ont publiées comme émanées de la Divinité. Ces hommes illustres connoissoient bien mieux, que nos sçavans le genre humain, la force des Loix, & le droit divin, qui est unique sur les hommes. Je suis honteux de le dire ; Mahomet les plus sot des mortels, a raisonné mille fois mieux que certains pedans incrédules. A la vérité ils se récrient contre l'imposture, qu'ils seroient fort embarrassés de prouver ; car que savent-ils, si une Intelligence ou un ancien Demon n'a point guidé ces Legislateurs de l'antiquité ; ou bien quelque solitaire philosophe qui s'attribuoit comme Socrate la familiarité de quelque Génie. Est-ce que le monde doit croire certains sçavans sur leur parole toute seule, qu'il ne sauroit y avoir des Demons, & des Intelligences incorporelles ? Leur garantie arbitraire n'accommode ordinairement que ceux qui leur ressemblent. Le gros du genre humain demande des preuves, & non pas des doctrines qui tendent uniquement à la dissolution de toute sorte de liens

capa-

capables de nous contenir dans les juſtes bornes de la ſociété.

Mais ce qui ſans contredit eſt très poſitif; c'eſt que le témoignage de Minos, de Licurgue, de Numa, & de tout autre Legislateur d'origine, & de Mahomet même, prouve qu'il faut que la Divinité intervienne pour obliger les hommes : & qu'à moins du reſpect religieux, qu'on lui doit naturellement, par la grande idée de ſa Toute-puiſſance, & de ſa bonté infinie, qui va au delà même des bornes de cette vie mortelle, on ne ſauroit donner quelque force, & conſiſtance aux Loix, qu'il eſt néceſſaire de faire obſerver aux hommes, pour les rendre heureux autant qu'il eſt poſſible. Une fois que cette perſuaſion a jetté des fortes racines parmi les peuples, que la Nature invite d'embraſſer; il ne reſte plus qu'à démontrer la correſpondance néceſſaire de la conduite humaine, avec la Divinité ; ſoit à l'égard de ſa Nature ſuprème, ſoit à l'égard de l'objet qu'il s'eſt propoſé en créant l'Univers, & l'homme qui ſans contredit y joue le prémier rôle. Auſſitôt que cette chaine eſt bien liée, on peut défier qui que ce ſoit de la rompre.

Mais il faut bien prendre garde, de ne ſe pas méprendre, en raiſonnant des Loix par rapport aux hommes, & bien diſtinguer toujours la volonté intérieure, de l'exécution extérieure. Je m'attendois d'apprendre de nos Jurisconſultes fameux, quelque importante réfléxion là-deſſus ? mais peut-être m'eſt-elle échappée

pée, ou bien je ne saurois m'en résouvenir.
On ne se propose généralement que l'exécution
de la Loi, sans se mettre en peine si elle sera
comprise, approuvée, & si on la voudra sincérement. Cependant toute exécution sans cela
n'est que passagère & infidèle ; & comme elle
ne dépend pas moins de la volonté intérieure,
que des moyens extérieurs : ceux-ci ne dépendent pas toujours ni des hommes, ni de la Loi.

Un Battaillon doit à la pointe du jour, en
rélever un autre, pour soutenir un Fort qui
est sur le bord opposé de la rivière. La nuit
l'eau enfle de sorte, qu'elle emporte le pont,
& tous les batteaux pour la traverser. Elle est
profonde, & n'a point de gué. Le Soldat n'est
pas censé de savoir nager ; & quand il le sauroit, on ne nage point en ordonnance. Cependant le Battaillon se présente du grand ma-
tin, & coûte qui coûte voudroit bien passer à
son poste d'honneur. Mais que faire ? Il faut
aller chercher des barques fort loin ; & en attendant les ennemis attaquent le Fort, & l'
honneur de les repousser, reste à la garnison
de la veille. Ce n'est pas la faute, c'est le malheur du Battaillon. Cet exemple en dit assez :
mais je crois que cet Article mérite qu'on s'y
arrête un peu, & que j'explique plus clair mon
sentiment là-dessus.

CHA.

CHAPITRE VIII.

Pour faire que les hommes agiſſent, il faut
les faire vouloir, & on ne ſauroit faire
vouloir par force. Sans chicanner ſur les mots,
je dirai uniquement ce qui eſt palpable à toute
la Terre. On veut toujours librement, lorsqu'on
préfére à la perte d'un bien que l'on aime fort,
un mal qu'on ne voudroit pas, mais qu'il faut
avaler, pour prévenir un plus grand dommage. Sans cela la plus grande violence n'eſt que
foibleſſe. Un homme qui ne craindroit pas de
perdre la vie, les biens, l'honneur, & qui
auroit la rage de ſe moquer des tourmens, des
priſons, & de l'infamie ; comment lui feroit-
on violence ? C'eſt donc l'attachement naturel
pour ces choſes-là, qui le détermine à vouloir :
car ſans cela, vous auriez beau faire, vous ne
viendriez jamais à bout de rien avec lui. Il
ne ſauroit ni vouloir, ni agir. Une force extérieure pourroit bien lui mouvoir les bras &
les jambes, mais ce ne feroit pas lui qui agiroit alors. C'eſt le principe dont les Stoiciens
ont ſi fort abuſé.

Ce qui nous fait vouloir, c'eſt la connoiſſance du Bien, que nous nous propoſons, comme
dépendant de l'action, qu'on entreprend de
faire. Ce qui nous fait vouloir, c'eſt quelquefois l'abondance des moyens qui ſe préſente d'
elle-même, & qui excite notre volonté, par la

H

facilité

facilité d'agir, qu'elle nous propose.   Ce qui nous fait vouloir enfin, c'eſt la néceſſité, dans le ſens qu'on a expliqué ci-deſſus : car on ne ſauroit ſe paſſer de vouloir notre Bien-être. Mais dans le fond, tout cela revient au même ; & ſans connoiſſance de cauſe, il eſt ridicule de dire, qu'on veut : & tous les honnêtes gens regardent comme une véritable folie, de vouloir je ne ſai quoi.

, A la vérité beaucoup de monde veut bien quelquefois des choſes, qu'il ne connoît pas clairement & diſtinctement : & même ce n'eſt pas rare de vouloir par curioſité ; mais il faut toujours une connoiſſance ſuffiſante pour nous propoſer quelque choſe comme un Bien.   On ſe trompe bien quelquefois aux apparences : mais on en revient auſſitôt que l'expérience nous a détrompé, ou qu'on ſe prête aux avertiſſemens ſalutaires qu'on nous donne. Ce ſeroit fort mal à propos, qu'on appelleroit Volonté ce qui n'eſt qu'un tentatif paſſager, auquel on donne le nom de Veleité.   Pour un principe agiſſant, il faut une connoiſſance ſuffiſante, capable d'exciter l'amour, & déterminer par là notre volonté, à la recherche des moyens convenables, pour acquérir l'objet aimé, ainſi que l'entendement le propoſe à chaqu'un, ſelon la propre étendue de chaque individu.

Tout homme comprend aſſez naturellement, que ce qu'il forme lui-même de ſes propres mains, ne ſauroit avoir plus de vertu & d'efficace,

cace, qu'il n'en lui donne. Que la reconnoisfance & la dépendance refpectueufe eft fort convenable, envers l'Auteur de la Nature, fource de toute forte de biens, & liberateur de toute forte de mal : Et envers des parens qui nous ont donné la vie, qui nous ont nouri, aimé, careffé, & qui ont pourvû à tous nos befoins. Y auroit-il quelqu'un, qui en ayant fait de même à l'égard de fes enfans, & de tout autre perfonne, n'en prétendît pas la revanche? C'eft ainfi que comme on n'aimeroit pas d'être tué, d'avoir fa femme enlevée, ni fes biens ni fa reputation ; on comprend auffitôt affez clairement & diftinctement, qu'il n'en faut pas faire de même aux autres : ni propofer un exemple femblable, & inviter tous les autres aux repreffailles. Qui eft-ce qui ne comprend pas, que ce feroit fe commettre cent mille contre un? Voilà donc la Loi forte, qui perfuade & fait agir d'abord fur tout cela. Auffitôt compris, auffitôt voulu d'un cœur fincère & très efficace.

Mais il arrive bientôt, qu'un de nos femblables nous offenfe, & nous attaque ! qu'une paffion violente nous faifit, & nous porte à fouhaiter furieufement la femme du prochain, fes biens, & fa reputation fi elle traverfoit nos pourfuites. O pour lors la Loi divine & humaine, que nous approuvions, & nous aimions tant, pendant le calme, n'eft plus la même pendant le trouble. Elle paroît nous gêner. On ne fauroit plus y confentir fi volontiers. On eft

 porté

portè à y refifter, & à tout entreprendre pour en éluder les effects. Voila donc la Loi foible : & c'eft bien pour cela qu'on tache de la fortifier par le fécours des ménaces & des promeffes ; qui dans le prémier cas n'étoient pas affurément néceffaires.

Direz-vous donc pour lors, que les hommes étoient foibles lorsque la Loi les guidoit aifément ; & qu'à préfent ils font les plus forts ? Point du tout. Au contraire ils font tombés dans la dernière foibleffe, & c'eft leur impuiffance à la connôitre, à la gofiter, & à l'exécuter, ce qui arrête l'effet de la Loi. Peut-être voudroit-on bien pouvoir faire ce que la Loi ordonne : mais la force manque, pour faire la moindre démarche vigoureufe en fa faveur. Peut-être même qu'on fe trouve tellement enveloppé de ténèbres fombres & palpables, qu'on ne difcerne plus de clarté, & qu'on ne fauroit bouger de la fituation, où on fe trouve.

Un homme preffé du fommeil, abattû de laffitude, languiffant par la faim, brûlant de foif, abandonné au chagrin, à une vive douleur phifique ; ou bien furpris par une terreur panique, par quelque paffion impétueufe, & par une habitude invétercé, qui lui donne un penchant invincible ; fe laiffera tuer mille fois plûtôt, que de faire le moindre pas, pour fuivre les traces d'une Loi, qu'il a toujours approuvée, aimée, & même fuivie autrefois. Voulez-vous à préfent qu'il y confente, & qu'il l'

accom-

accomplisse : tirez-le de ce bourbier fatal où il est plongé, car tandis qu'il reste dans cet état-là, il n'y a point de Loi qui vaille pour le faire agir.

CHAPITRE IX.

Ce n'est pas tout encore. Il faut lui fournir les moyens requis, pour l'action proposée par la Loi, autant pour le positif, que pour le negatif : car sans cela la volonté même plus elle est forte, & tache d'être efficace, plus elle devient un tourment, aussitôt que les moyens nous manquent. Et pourquoi voudroit-on, direz-vous, lorsqu'on manque de moyens ? C'est que l'on est porté à vouloir par la connoissance que la Loi nous donne : mais qui ne fournit pas en même tems les moyens pour l'accomplir. Nous ne saurions nous passer d'aimer & de souhaiter ce qui nous semble beau & bon : mais les moyens pour y parvenir sont indépendans de nous, & nous ne sommes pas toujours les maîtres de nous en fournir à l'occasion. C'est ce qui n'arrive que trop lorsqu'on est une fois tombé malade. Pendant la santé on peut aller chercher, & se procurer de quoi vivre : mais quand on est malade, on ne sauroit plus ni gagner sa vie, ni trouver de quoi se guérir, sans le secours charitable de celui qui est en bonne santé.

                    De

De tout cela il m'eſt bien permis d'en déduiꝛe. I) Que toute Loi a beau nous impoſer un devoir, que notre connoiſſance contrediroit intérieurement, & nous le repréſenteroit comme un mal. On pourroit bien quelques fois s'y conformer à contrecœur, pour ſatisfaire les apparences : mais que ne feroit-on pas pour nous en diſpenſer, toutes les fois que nous aurions l'adreſſe de ne rien hazarder des biens qui nous ſont chers ? Que ſi le dommage, que nous préſumons dériver de la Loi, ſurpaſſe celui qu'on pourroit encourrir en la transgreſſant, il eſt ſûr qu'on n'en feroit jamais rien : & il n'eſt pas poſſible de fixer toujours la peine de la transgreſſion, au-deſſus de la peine qu'on croit avoir dans l'accompliſſement. Plus les peines ménacées ſont rigoureuſes, moins eſt-il permis de les infliger aux transgreſſeurs.

II) Quand même notre connoiſſance ne témoigneroit pas contre la Loi ; il ſuffit pour qu'elle ne ſoit pas accomplie, que notre connoiſſance ne témoigne pas en faveur de la Loi : car on n'agiroit plus alors par volonté, mais par nonchalance, ce qui ne vaut rien pour agir. On a beau ſuppoſer que les hommes ſont des bêtes. Toutes bêtes qu'ils ſeroient, ils n'en ſeroient pas moins des raiſonneurs inceſſans : & plus ils raiſonneroient mal, tant pis pour la Loi, & pour le Legislateur. Oſeroit-on nier que les peuples les plus ignorans, ſont les plus lâches obſervateurs des Loix, & les plus portés d'en ſécouer le joug, & à les changer & abolir

tout

tout à fait ? Pourquoi feroient-ils autrement, s'ils ne connoiffent ni la juftice, ni l'utilité de la Loi, ni le droit qu'elle doit avoir fur eux? Au contraire les plus fermes & presque invincibles à tenir bon pour leurs Loix, font les peuples les plus éclairés, & les plus perfuadés intérieurement des biens que la Loi propofe, & qu'on acquiert en l'obfervant. Quelques fois la perfuafion va jusqu'à l'entêtement, & à l'obftination, dont les Sybarites, felon l'hiftoire ancienne ont fourni une preuve éclatante.

III. Il ne fuffit pas qu'on connoiffe la néceffité de la Loi, qu'on l'approuve, qu'on l'aime, & qu'on la veuille fincèrement. Il faut que les obftacles foient levés, & que les hommes foient pourvûs des moyens convenables pour les accomplir: fans quoi tout eft inutile, malgré les promeffes, & les ménaces qui l'accompagnent. On dira que la Loi eft foible. Point du tout. Ce font les hommes qui le font, & qu'il faut fortifier, fi vous voulez que la Loi s'accompliffe. En effet les hommes font le fujet, & la matière, qu'il faut préparer, pour que la Loi y puiffe travailler deffus, avec probabilité d'un heureux fuccès.

IV. On ne vient à bout de cette préparation néceffaire, que par l'éducation de l'une & l'autre jeuneffe: & par lui perfuader, que l'obfervation, ou la transgreffion de la Loi, ont des recompenfes, & des peines à attendre infailliblement, d'une main fupérieure aux hommes, de laquelle on ne fauroit jamais fe fouftraire, ni échapper ; & qui les attend principalement dans un état éternel, pour les rendre heureux ou malheureux à perpetuité. Que cette main ne les attrappe pas moins quand elle veut, pendant cette vie, où elle décide de leur fort, à proportion de leur conformité aux Loix qu'elle a fait émaner de l'origine du monde, & dont les traces font affez manifeftes dans la Nature. Que pendant cette vie mortelle, elle a beaucoup d'égard pour fes créatures, dont elle ne demande que le bonheur, moyennant la correction, & la reparation du tort qu'elles fe font. entr'elles, & du mauvais exemple qu'elles fe donnent reciproquement, au grand dommage de la fociété. Mais qu'après la mort, ce qui fuit inévitablement pour les obfervateurs, eft délicieux au fuprème degré, comme c'eft extrêmement horrible & miférable, pour les transgreffeurs.

Sans cela on ne viendra jamais à bout de rien, ainfi que je dois l'avoir prouvé ci-deffus : & tout au plus on n'obtiendra qu'un effet cafuel, & trompeur, qui arrétera tout Legislateur. Le peu de bien même auquel on peut parvenir, ne reviendra que du plus ou du moins, que les peuples feront bien perfuadés de leur Religion. Car pour ceux qui l'ont une fois égorgée, & qui la foulent aux pieds ; on fe trompe fort fi on en efpère quelque bon effet. Ces gens-là ne regardent toutes les Loix humaines, que comme un grand rien : ainfi que Mr. de M^{on}. vient de nous le garantir. Il y aura bientôt en Europe quelque coin, où les
tra-

traces mêmes de la Religion se vont effacer tout
à fait, & la totale dissolution, le chaos & l'a‑
bîme, ne manqueront pas de suivre aussitôt.

CHAPITRE X.

Je ne saurois me dispenser en finissant cet Ar‑
ticle, de faire quelque refléxion sur la pro‑
position: *que la force des Loix humaines vient
de ce qu'on les craint*, ce qui est bien parallèle
au principe de Mr. Hobbes. Peut-être que Mr.
de M**. ne s'est pas bien expliqué dans cet en‑
droit-là, comme il n'arrive que trop à tout le
monde; d'autant plus qu'en divers autres en‑
droits de ses ouvrages, j'ai crû trouver des pro‑
positions incompatibles avec celle-ci. Mais quel
que soit son sentiment là‑dessus, je crois cette
proposition insoutenable, lors même qu'il a‑
joûte: *Les Loix humaines tirent avantage de
leur nouveauté, qui annonce une attention par‑
ticulière, & actuelle du Legislateur, pour les
faire observer.* Il est bien malaisé de tirer en‑
core aucun sens juste & raisonnable, de ces pa‑
roles: car on ne devineroit pas aisément s'il
parle des Loix nouvelles, ou des nouveaux ob‑
jets de ces mêmes Loix ; & quel avantage en
tire le Legislateur, pour les faire mieux obser‑
ver. Si l'objet est nouveau tout à fait, on n'en
sauroit conclure aucune attention particulière &
actuelle, puisqu'il n'avoit plus parû jusqu'alors.
Si l'objet est ancien, la Loi n'est que réiterée,

par l'oubli où elle étoit enfevelie, & par conféquent, je ne la dirois pas nouvelle ; & je croirois lui donner un nouveau degré de force, en
rapellant fon ancienneté.   Enfin c'eft peut-
être ma faute : mais je n'y vois goûte non plus,
que dans tout ce qu'il dit de la Religion, au
Chap. II. de fon Liv. XXVI, de *l'Efprit des
Loix*.

Je puis comprendre encore moins, comment
on ofe établir la crainte pour principe, puisqu'il eft évident qu'on ne fauroit craindre, que
de perdre ce qu'on aime, & que où il n'y a point
d'amour il n'y a point de crainte. Ainfi le principe eft l'amour, & non pas la crainte ; & on
ne fauroit expliquer la propofition ci-deffus,
qu'en difant : *Que la force des Loix humaines
vient de ce qu'on aime les biens, qu'elles mena-
cent de nous enlever, fi nous ne les obfervons pas.*
Voilà peut-être le véritable fentiment de cet
illuftre Auteur.

En conféquence de ce principe-là, il faut
donc que le Legislateur pour donner de la force
à fes Loix, commence par former fes peuples
à l'amour de la vie, des biens, & de l'honneur,
& qu'il leur faffe comprendre & goûter en quoi
confifte une louable jouïffance de tout cela. Ne
dites pas, que cela eft affez naturel & commun
aux hommes, car l'expérience prouve bien le
contraire.   Ce n'eft qu'en Grece & dans l'ancienne Rome, que l'hiftoire nous conferve des
preuves, que le menû peuple goûtoit la liberté,
& l'honneur.   Chez les Nations modernes dé-
barba-

barbariſées; où la Nobleſſe n'a pas encore tout à fait foulé le peuple, quelque ſentiment d'honneur ſe conſerve encore : mais peut-être eſt-il mal appliqué, & mal entendu; c'eſt pourquoi les ſuites en ſeroient peut-être embarraſſantes pour un Legiſlateur.

Quant aux biens l'abus en eſt tellement général, que je ne ſaurois qu'en augurer pour l'obéïſſance des Loix. Car peut-être n'y a-t-il rien au monde qui porte plus les hommes à les violer, que la paſſion des richeſſes. Le Bien ſuffiſſant, l'abondant, & le delectable règlé, n'eſt guères du goût des hommes corrompus comme ils ſont. Pour parvenir aux richeſſes on cherche le chemin le plus abrégé ſoit bon ou mauvais; & la plûpart y ſacrifie le néceſſaire, & la miſère les accable bientôt. On ſe rebute par les obſtacles, par la concurrence des pauvres, & par la ſaiſie des puiſſans, qui ne laiſſent plus glaner ſur leur terres. Rien n'eſt plus fréquent, que de voir les perſonnes abjectes déſeſperer des richeſſes, tomber dans la deſolation; & ceux qui reſiſtent à la tentation du vol, & du larcin, s'abandonner à une lâche ſervitude, dont on regorge parmi toutes les Nations civiliſées. Cela auroit été horrible parmi les anciens Grecs & Romains.

Mais l'article principal qui eſt fondé ſur l'attachement naturel, que tout homme doit avoir pour les Biens, c'eſt le travail & la fatigue des peuples, indiſpenſable pour les acquerir. Cet
Arti.

Article eſt très important, puisqu'il eſt la baſe de toutes les forces d'un état, qui conſiſtent dans les richeſſes des fonds propres, & des fonds étrangers, attirés par le commerce, moyennant l'induſtrie, & la culture des ſciences, des arts, & des manufactures qui en dépendent. Voilà le véritable tréſor de la paix, & de la guerre. Ne vous imaginez pas que la néceſſité de vivre, & de fournir aux bèſoins de ſa famille, auroit parmi le peuple aſſez d'influence, pour le faire travailler. J'en doute fort. La plûpart des hommes miſérables, qui ne travaillent que pour un morceau de pain, ne travaillent que peu ou point, & trouvent bien ſouvent à charge leur propre famille.   Ce n'eſt que l'eſpérance & la probabilité de changer de condition, par l'augmentation des Biens, & par les richeſſes, qui eſt capable d'endurcir, & d'obſtiner l'homme au travail aſſidû, & d'exciter un eſprit d'induſtrie.   Quelquefois le principe n'eſt pas bon, mais l'effet eſt louable.   Un homme attaqué de la goûte, ou d'une retention d'urine, voit le feu qui prend chez lui, & qui gagne ſon appartement, il rappelle ſi bien les reſtes de ſes forces, qu'il ſaute de ſon lit, ſe ſauve, & guérit de ſa maladie.

Or pour cet important effet du travail des peuples, & pour brider l'avidité des richeſſes, il faut que le Prince y donne des attentions toutes particulières. Il faut connoître & léver les obſtacles, encourager les peuples, les fortifier autant que la ſituation du païs, leur génie, &

leurs

leurs habitudes le permettent : mais fur tout il faut, qu'il leur faffe goûter l'honneur d'exceller dans les arts, & l'avantage de jouïr, & de profiter avec affurance des produits de leur induftrie.

Quant à l'amour de la vie qui paroît un fentiment tout à fait naturel, & néceffaire aux vivans; il faut qu'on ne vive pas pour fouffrir & gémir inceffamment, & pour voir la défolation ou l'oppreffion de fa famille; car je doute fort que dans un tel état, la Nature infinue l'amour & l'attachement à la vie, fans un fond de Religion admirable. Il ne faut pas moins fe garder, que certaines Doctrines impies ne gagnent la multitude : car tout eft perdû immanquablement. Une fois que les hommes du menû peuple, parviennent à douter feulement, s'ils font quelque chofe plus qu'une fimple machine, ou un franc animal; les voilà tous prêts à fécouer toute forte de joug, & jufques à s'ôter la vie, s'ils défefperent de parvenir au moindre but qu'ils fe propofent. Une bête ne fauroit rien faire de pareil, car c'eft une bête : mais tout homme fera capable de le faire auffitôt qu'il croira d'avoir tout à craindre pendant fa vie, & rien à efperer après fa mort. Ne voiton pas que les hommes ont tant de peine à fe contenir dans les plaifirs fenfuels, par la crainte même de la verole, qui eft une des plus dangereufes & abominables maladies, par laquelle on rifque, ou de perdre la vie, ou de la traîner languiffante pour toujours? Dans quelque

coin

coin de l'Univers on trouve des hommes qui se cassent la tête d'un coup de pistolet, pour ne pas languir d'une semblable maladie, & même pour ne la pouvoir plus gagner. Si des exemples aussi détestables ne sont pas fort communs dans le genre humain, & même parmi les plus barbares, c'est qu'on a de la peine d'effacer toute les traces de la Religion, & de l'humanité, qui en est inséparable.

Oh! je demande à Mr. de M**. si la loi aura jamais quelque force, pour des gens qui se tuënt de sang froid eux-mêmes, parce qu'ils s'imaginent de n'avoir rien à craindre ni à espérer après leur mort? Ajoûtons-y, que selon le sentiment qu'il a expliqué dans son livre, les peines pour les plus grands scelerats, ne seroient que le bannissement, & la prison. N'est-ce que la crainte de cela, qui donneroit toute la force à ses Loix? Cependant le même Auteur dit, que ce n'est que ceux qui croyent une vie à venir, qui échappent au Legislateur. Cela est bien dur.

CHAPITRE XI.

On appelle la Loi plus ou moins forte, lorsqu'elle se peut promettre un accomplissement plus ou moins étendû & infaillible. Voilà comme on l'entend généralement: mais il s'en faut beaucoup qu'on entende bien. Point de
Loi

Loi humaine pas même la Divine a été jamais
allez forte, pour furmonter avec affurance la
foiblefle des hommes. Il en faut fuppofer toujours une violation presque générale, & c'eft
bien par là, qu'il fallût une Loi fupérieure à
toute autre, qui accorde des excufes, & le pardon général aux transgreflions; autrement toute
Loi n'auroit de véritable effet, que de perdre
le genre humain. Tout ce que la loi peut fe
propofer, c'eft d'être goûtée, & pratiquée le
plus fouvent qu'il eft poflible, & de fe faire
connoître & aimer généralement, de forte que
lors-même qu'on eft pouflé à la violer, on en
avoue la convenance, & que le répentir de la
violation fuive auflitôt. On ne fauroit en demander davantage, vû le changement très fréquent d'homme en homme, & quelquefois
d'homme en brûte; de forte qu'on 'fe tromperoit fort de prétendre que le même homme
penfât, voulût, & agît toujours de même. Cette
métamorphofe eft l'écueil fatal des loix : & c'eft
ce que tout Legislateur ne doit jamais perdre
de vue, pour n'être pas la dûpe de fes bonnes
intentions.

Quoique l'humanité foit la même dans le
fond, les individus qui la compofent font fort
différens entr'eux, & cela n'eft que trop manifefte par le corps humain. La Figure humaine,
& l'organifation du corps, eft bien pour l'eflen-
tiel la même en tous : mais les traits naturels,
les tempéramens, les habitudes qui en découlent, cent autres chofes & jufques les maladies,

diver-

diverfifient les hommes, de façon que ce qui
convient aux uns, ne convient nullement aux
autres.　　Les remedes qui guériffent ceux-ci,
tuënt ceux-là immanquablement. Les chofes qui
flattent le goût des uns, choquent celui des autres: & on auroit toutes les peines du monde,
de faire défifter les prémiers de ce qui leur plait,
& de rapprocher les feconds de ce qui les rébute.　　Ce n'eft pas tout.　Les inclinations, &
les goûts changent dans le même homme, qui
abhorrera préfentement ce qu'il pourfuivoit
avec une paflion extrème autrefois.　Quel fond
refte-t-il donc à faire, fur la force permanente
des loix, qui flottent fur une mer autant infidèle, que les hommes?

Je fai bien qu'il y a toujours quelque chofe
de commun aux uns & aux autres;　& que la
néceflité fe fait bien fentir à tous, & les contraint quelquefois de faire même ce qu'ils ne
voudroient pas: mais cela même n'eft pas un
fond ftable, pour y fonder la loi; car qui peut
ignorer combien les néceflités varient dans les
corps malades? Ajoûtez que cette néceflité pour
être agiflante, doit fe faire connoître, & fentir
bien précifement, & très vivement par les hommes; car tant qu'on ne fent pas la maladie, on
ne penfe point à prendre de medecine, & à fe
foumettre au régîme convenable pour guérir.
Y a-t-il rien de plus commun aujourd'hui, que
d'entendre des hommes, qui en ont du moins
la figure, foutenir que le libertinage, & la licence, font conformes à la Nature?　Comment

per-

perſuaderez-vous à ces gens-là de ſe ſoumettre
à la Loi qui les défend? Si vous leur ménacez
une peine, ils tâcheront de l'éluder, de ſe ſous-
traire aux inſpecteurs; & toutes les fois, qu'ils
s'en croiront à couvert, ils ſe môqueront d'une
loi, qu'ils condamnent déjà dans leur cœur; &
quelquefois même ouvertement par leurs paroles. Perſuadez prémièrement les hommes,
fixez leur fond, poſez-les ſur un ſolide d'où
ils ne puiſſent branler, & pour lors impoſez-
leur des loix: mais ſi cette préparation n'eſt
pas faite préalablement, ne vous attendez pas
à un grand ſuccès, quelques loix que vous leurs
donniez.

Je m'étonne que Mr. de M^{on}., qui ne peut
s'empêcher d'avouer: *Qu'il eſt pourtant néceſ-*
ſaire à la Société qu'il y ait quelque choſe de
fixe, & que c'eſt la Religion qui eſt quelque
choſe de fixe: ayé en même tems ſi fort ſéparé
les Loix divines des humaines, & nous les re-
préſente comme incombinables. *Ces deux*
Loix, dit-il, *diffèrent par leur origine, par*
leur effet, & par leur nature. Que reſte-t-il
après cela pour rapprocher cette différence totale? Cependant, à ſon avis, il n'y a rien de
fixe dans la Société que la Religion, & celle-
ci eſt toute d'un autre nature que les Loix humaines, qui reſtent par conſéquent ce *Rien* dont
l'auteur parle dans le même endroit.

Licurgue pour rendre la force & le penchant
des corps également diſtribué à ſon peuple, a

I

en recours à l'éducation, à la Gimnastique, & jusqu'à la nouriture de la jeunesse, pour lui former des habitudes, & des inclinations convenables à l'observance de ses Loix. Il ne désesperoit pas même d'en faire peu à peu découler les penchans phisiques, par la génération. Tous ces soins-là ont bien produit de bons effets pour la guerre: mais en même tems les Lacédemoniens ont pris un certain air brusque, des manières rudes, impolies, malhonnétes, & quelquefois brûtales, pour ne pas dire inhumaines. Le grand objet de l'égalité ne s'est point soutenû. Les sciences & les beaux arts, n'ont point fleuri, & le commerce encor moins. D'où vient cela? C'est qu'aussitôt qu'on veut pousser une vertu à son plus haut degré, on saute son juste milieu, & on s'éloigne de toutes les autres. L'homme n'est pas capable de tout en perfection; & dès qu'on prétend à quelque universalité, il faut se contenter du moien, & tempérer la force avec la foiblesse. L'homme que vous voulez trop fort, en devient aussitôt trop foible: & c'est ce que la Medecine nous apprend, & nous fait toucher à la main.

CHA-

CHAPITRE XII.

Du prémier moment qu'un sage Legislateur publie une loi, il en doit préfumer la violation, & en préparer les excufes & le pardon: car fans cela c'eft un Tiran, ou plûtôt un franc-ignorant de l'humanité. La loi fe viole bien volontairement quelques fois par malice, indépendamment de toute connoiffance de caufe; & fans favoir fi elle eft jufte ou injufte, avantageufe ou non. On refifte à l'autorité qui l'impofe; on la méprife; & ce n'eft pas rare de faire tout cela par diffimulation, pour éluder la péine. C'eft en quoi confifte la véritable violation de la Loi.

Quelques fois auffi on la viole involontairement, par défaut d'attention, & de refléxion; tout comme par diftraction, & par nonchalance, on neglige des chofes très néceffaires & utiles à la vie, & quelquefois même délicieufes. On fe difpenfe quelques fois, de prendre une Medecine, fans méprifer le Medecin, & fans favoir précifément pourquoi. Peut-être n'y a-t-il, que quelque préfomption de quelque amertume à la bouche; & n'a-t-on en vue, que de temporifer, pour la prendre après, fi l'occafion le demande.

Enfin on viole quelquefois la loi à contre-cœur, & en dépit de foi-même, faute de moyens,

 par

par une foibleſſe naturelle, & par une averſion
phiſique qui nous paroît invincible :   mais en
même tems on l'approuve, on l'aime, on tâche
de l'accomplir, on y porte les autres, & on dé-
plore hautement ſon malheur, en ne l'accom-
pliſſant pas.   On ſeroit bien injuſte de confondre tous ces trois violateurs enſemble.   Le prémier eſt un coupable qu'il faut punir.   Le ſe-
cond il faut l'avertir, & l'encourager :   Et le
troiſième il le faut, non ſeulement excuſer, mais
le placer bien au-deſſus d'un obſervateur qui
n'agit que par habitude, par ignorance, ou par
crainte du châtiment.

C'eſt d'un principe auſſi évident que celui-ci,
qu'il m'eſt permis de déduire les conſéquences
ſuivantes.   1) Que l'obſervation de la Loi, proprement dite, ne dépend que des diſpoſitions
intérieures, & des ſecours extérieurs des hommes auxquels on l'impoſe.   2) Que ſa force
conſiſte dans ſa clarté & précieuſeté, qui la fait
perſuader & goûter aux hommes, par la com-
binaiſon de ſes lumières, avec celles qu'ils tiennent préalablement de leur nature, de leurs inclinations, & quelquefois de leurs néceſſités
accidentelles.   3) Que la foibleſſe de la Loi
dépend non ſeulement du défaut de cette com-
binaiſon ; mais encore de l'incertitude de leur
effet, ſoit pour obtenir les biens qu'elle propoſe, ſoit pour éviter les malheurs qu'elle ménace.   Une loi qui ne ſe propoſe pas pour objet quelque bien pour la ſociété, n'eſt plus loi
elle-même, & n'a plus de droit ſur les hommes.

Mr.

Mr. de M^on. a très bien dit: *Que les Loix sont souvent des grands biens cachés, & des petits maux très sensibles.* En effet tout le monde n'est pas en état de connoître les biens, au prémier coup d'œil, & ne laisse pas de sentir les maux du prémier instant; mais la connoissance des prémiers ne tarde pas long-tems à se dévélopper par la pratique, comme aux enfans.

De tout ce que nous avons examiné jusqu'ici, il semble que ce n'est que fort équivoquement, qu'on apelleroit Loi, toute volonté, & toute ordonnance arbitrairement imposée, qui ne liéroit pas les hommes, par l'intérieur de l'entendement, & de l'amour, pour les conduire à témoigner leur consentement par l'action extérieure. Tout ce qui ne liéroit, & contraindroit que le corps, ne s'appelleroit loi qu'abusivement, parce que les hommes ne seroient jamais censés d'y consentir librement.

Ajoûtons enfin, qu'on n'auroit pas mal pensé de regarder toute loi, comme un Contract entre le Legislateur, & les peuples, dont le reciproque seroit le bien réel, qu'on lui auroit promis, en conséquence de l'observation de la loi; Bien qui doit être clairement, & distinctement connû, & librement accepté, sans séduction ni violence: ce qui renverse de fond en comble, toute la prétendue force des loix par la crainte. Je ne pousse pas davantage

vantage

davantage cette confidération : car on diroit
que plufieurs Jurisconfultes regardent les peuples comme des bêtes. ! Les plus moderés les
regardent comme des petits enfans. Non non.
Il faut les regarder comme des hommes foibles par leur Nature, & infirmes par leur
faute: Mais, on paffe fort bien des contracts
avec des malades, qui ne font ni fols, ni en
délire. Les Teftamens en font une preuve
parlante.

LE VÉRITABLE
ESPRIT DES LOIX.
TROISIÉME PARTIE.

CHAPITRE I.

On apelle Esprit parmi les hommes, ce qui les rend intelligens, amoureux, & agissant : Il faut donc que ces mêmes hommes apellent Esprit, parmi les animaux, les végetables, & les minéraux, ce corps subtil, délié, imperceptible, & mobile au dernier point, qui manifeste dans ces mêmes corps, les marques, & les signes extérieurs de l'intelligence, de l'amour, & de l'activité humaine. C'est ainsi qu'en parlant des Loix, on ne sauroit concevoir pour leur Esprit, que ce qui les rend intelligibles, aimables, & agissantes parmi nous ; c'est à dire leur objet principal & universel, qui ne sauroit

  être

être que le bonheur du Genre humain : Bonheur réel, complet, & durable ; & quand cela
ne se pourroit pas, d'en approcher du moins,
le plus qu'il est possible, pour rendre les hommes moins malheureux dans les maux qu'ils ne
sauroient éviter, & plus heureux dans les biens
dont ils peuvent jouïr.

Je ne sai si on pourroit attribuer aux Loix
d'autre objet, que celui-ci ; car je doute fort,
que les hommes se moqueroient d'une ordonnance, & d'un commandement, qui ne les in-
téressât pour rien, & moins encore qui répugnât
directement à leur subsistance, & à leur bien-
être. Si des Loix telles se sont publiées quelques fois par les Tirans les plus inhumains,
soutenues par la violence des plus cruelles ménaces ; ce n'a été toujours qu'un orage passager,
qui s'est aussitôt dissipé, & qui a été suivi de la
détestation générale. Il est donc impossible
d'attribuer aux Loix d'autres objets, que le
bonheur des hommes auxquels elles sont imposées. Cela dût éclater tôt ou tard dans quelque Loi qui ait jamais subsisté dans le monde,
& qu'on puisse y publier à l'avenir. Des Legislateurs peuvent bien se tromper quelquéfois :
mais leur intention ne sauroit être absolument
différente.

Je ne disputerai point, s'il y a un Bien réel,
complet, & toujours durable, qui puisse appartenir aux hommes : mais je ne crois pas qu'
aucune personne raisonnable puisse douter un
moment, que tout homme ne le souhaiteroit
vérita-

véritablement tel, s'il espéroit de l'obtenir; de
sorte que ce n'est que l'espérance qui décide de
cet important objet. En effet il ne sauroit y
avoir d'homme au monde, qui à moins de
tomber en démence, préférât un bien chimèri-
que au réel; un bien partagé à un complet;
& un bien-périssable à un durable. pour toujours, lorsqu'il se persuade de le pouvoir, obtenir. En comparaison des biens réels, com-
plets, & durables, les chimèriques, les parta-
gés, & les passagers, passeroient pour des
maux, si on contraignoit les hommes de les
préférer aux prémiers. Mais en défaut de
ceux-ci, les seconds sont bons encore : & c'est
sur la même règle qu'on raisonne des maux.
Les moins aigûs & les moins durables, sont
toujours préférables aux autres, particulièrement lorsqu'on présume, qu'on peut s'exempter par ceux-ci, des maux dont la fin est fort
éloignée, & la force est violente : ou bien lorsqu'on espère par la souffrance des maux légers
& passagers, de parvenir aux grands biens qu'
on se propose.

Il n'est donc pas même douteux, que l'objet
principal des Loix doit être le bien réel,
complet, & durable autant qu'il est possible.
Qu'en défaut de celui-ci, le bien imaginaire,
partagé & passager, peut avoir lieu; & quelquefois aussi le moindre mal, s'il nous préserve
d'un plus grand, ou bien s'il nous sert de degré à quelque bonheur important. C'est cela
qui a trompé bien de raisonneurs superficiels, dans

les contrariétés & différences essentielles, qu'ils ont crû trouver dans les Loix particulières des différens peuples. Toute cette contrariété auroit sans doute disparû, si on s'étoit donné la peine de combiner les Loix, avec les inclinations, les habitudes, les circonstances, & les convenances des Sociétés particulières, auxquelles on les avoit imposées. Car le Bien est sans contredit, ce qui est conforme à la Nature, & à la société humaine, dans quelque circonstance où elle se trouve. C'est de là que la saignée, & l'amertume du spécifique, qui sont un mal pour les hommes en santé, ne laissent pas d'être un bien, & un grand bien pour eux aussitôt qu'ils tombent malades. Une fourrure de peau qui incommoderoit fort les habitans du Malabar, seroit fort commode & nécessaire pour des Lappons.

Ajoûtons, qu'on ne débarbarise point les Barbaresques, par la douceur des Loix, quoique leurs chevaux se guident par un fil de soye, ce qui ne serviroit de rien pour ceux d'Allemagne. Les peuples docilisés se revolteroient bientôt par la rudesse des Loix ; la plûpart des femmes, & des honnêtes gens, ne sauroient souffrir la dissection anatomique d'un animal vivant. Le déshonneur c'est tout comme rien pour les peuples Turcs, & pour leurs esclaves. Au contraire il est si cruel aux païs où la Noblesse est connue, qu'on y préfére mille fois la mort à l'infamie. A la guerre le brigandage est honoré, & c'est une horreur pendant la paix. La Piratérie est un métier pour des Nations entières, qui sacrifient tout pour y réüssir; & ce n'est pas leur faute. Pendant la guerre nous avons aussi nos Armateurs, tout civilisés que nous sommes, & les uns valent toujours bien les autres; puisque les Pirates sont toujours en guerre.

Mais malgré toutes ces différences-là, & d'autres infinies, qu'il seroit trop long de rapporter; l'esprit de toutes ces Loix est unique, uniforme, & constant, & n'agit que pour le bonheur de la Société telle qu'elle est parmi ce peuple particulier; à mesure des dispositions, des penchans, des habitudes, des convenances, & des circonstances du tems & du lieu, où les hommes se trouvent. En effet le même esprit qui agit dans le corps humain pour y produire la vie, la santé, & tant d'autres parfaites qualités; ne laisse pas d'y produire lui-même la maladie, & la mort, aussitôt que le corps sur lequel il agit, est corrompû, foible, & en désordre.

CHAPITRE II.

C'est cet unique Esprit qu'il faut chercher dans toutes les Loix; & c'est par lui seul qu'il les faut toutes interpréter, & combiner. C'est lui seul qui se fait connoître, aimer, & ce n'est que lui qui fait agir les hommes, pour accomplir la Loi: car comme chacun veut son bonheur, il est impossible qu'il n'aime & ne profite des

moyens

moyens qu'on lui propofe pour l'obtenir, &
qu'il connoît avantageux pour cela. Tout auffitôt qu'on comprend que la Loi produit nôtre
bonheur, on ne fauroit fe paffer de l'aimer, &
de l'accomplir autant qu'il dépend de nous. A
la vérité on n'attrappe pas auffitôt cette connoiſ-
fance, & il ne faut pas fe fier à l'avis de chaque
particulier fur une affaire auffi importante que
celle-ci; comme je crois l'avoir démontré dans
la prémière partie: mais toutes les fois qu'on fe
prend férieufement à cette connoiffance, on ne
fauroit la manquer, ni fe tromper, moyennant
les confidérations fuivantes.

I. Une Loi n'obligeroit point en France, fi
elle y étoit publiée en vieux Gaulois, que les
François d'aujourdhui ne font plus cenfés d'entendre. Ainfi eft-il manifefte qu'à moins d'être
intelligible, elle n'eft plus Loi. Elle l'eft encore moins, fi elle attaque la vie, les biens, &
l'honneur des hommes, puisque perfonne au
monde ne fauroit s'obliger à s'ôter la vie, les
biens, & l'honneur ; ni à faire la moindre démarche contre foi-même : à moins que ce ne fût
dans l'intention de fe les préferver. On hazarde
quelquefois une partie, pour fauver le tout : &
on doit bien facrifier des plaifirs, & des avantages paffagers, & fuperficiels, pour s'affurer
des Biens réels & durables. Il faut bien auffi
que la Loi n'exige rien au-deffus des forces du
peuple, & des moyens dont il eft pourvû pour
l'accomplir, car on ne fauroit obliger perfonne
à l'impoffible.

De

De ces confidérations-là, il en doit bien dériver, que toute Loi qui n'eft pas intelligible, aimable, & proportionnée aux forces des hommes,
n'eft plus Loi pour eux. Que par la même raifon,
une Loi Arabe eft bien pour l'Arabie ; une Tur-
que pour la Turquie ; une Siamoife & Japonoife,
pour le Siam & le Japon ; & non pas pour la
France, pour l'Europe, & pour des Chrétiens.
Une Loi auffi peut être telle en Allemagne, &
non pas en France, ni en Ruffie. La différente
forme des Gouvernemens politiques, exclut reciproquement bien des Loix particulières. Enfin
une Loi pour des Montagnards forts & robuftes,
ne feroit plus Loi affurément pour des peuples
délicats, foibles, ou malades. La Loi pour des
enfans ne fauroit être la Loi des hommes faits,
Tout cela eft de la dernière évidence.

II. Il faut bien prendre garde feulement, que
le fentiment foit général, car il ne faut pas
s'arrêter au particulier. C'eft l'Efprit des Loix
qui le veut ainfi : et il n'a pas tort. Cet Efprit
fuprème & unique, ne vife proprement qu'au
bonheur commun & général des hommes ; & ne
defcend qu'à particularifer fes foins à chaque individu, qu'autant qu'il entre à compofer la totalité. C'eft pourquoi il ne ceffe d'agir, pour
pouffer chaque particulier à occuper fa place, &
à remplir fon office : & pour exclure en même
tems les parties inutiles, corrompues, & contagi-
eufes, s'il ne peut les guérir. Il ne fe donne
point de rélache, qu'il ne les ait féparées & dé-
truites, pour mettre le refte en fureté.

On

On ne fauroit avoir la moindre idée du corps humain, ni quelque principe de Mécanique, fans comprendre parfaitement tout cela. Le Bien & le Mal qui fait à notre fujet, n'eft pas fimplement idéel, il doit être fenfible & même très fenfible : de forte que c'eft le fentiment général qui en décide ; & qui fe fait remarquer par le plus grand nombre, qui tôt ou tard en impofe toujours. Sur quoi il faut ajoûter, que fi le grand nombre même tomboit malade, il faudroit encore pour lors s'en rapporter à lui, & tâcher petit à petit de le ramener; fans lui rompre en vifière. Par la force ouverte, on vient rarement à bout de rien avec le grand nombre : & tout auffitôt qu'une Loi rébute un peuple, qui n'en comprend pas la juftice & l'utilité, il faut convenir avec lui; & la douceur & le tems, ne manque jamais de la lui faire goûter & accomplir, s'il eft fourni de force, & des moyens pour cela.

S'il n'y a de gaté dans une Machine, que quelques parties, on peut bien, & on doit même les ôter auffitôt, & les remplacer par d'autres nouvelles & parfaites : mais fi la corruption a gagné la plûpart des parties, les principales, & les grands refforts, il ne refte plus qu'à refondre toute la machine entière, fans épargner le refte qui tout bon qu'il feroit, eft déjà inutile, & prêt indifpenfablement à fe perdre auffi. Que s'il n'eft pas permis de la réfondre, on n'a qu'à temporifer, & ne pas hâter du moins fa totale ruine, & fa dernière deftruction, comme il n'arrive que trop, lorsqu'on s'y prend par la rigueur.

gueur. La rigueur n'est utile que pour les particuliers, afin d'arrêter la corruption générale. Une fois qu'elle a gagné le dessus, il ne reste plus que la douceur, & l'adresse. Voilà ce que l'Esprit des Loix nous apprend.

III. Puisque les hommes changent, les loix doivent changer aussi. Dès qu'on tombe malade, il faut changer de régime; & selon les différentes maladies, user de différens remedes. Peu à peu on gagne des inclinations, des penchans, des habitudes, & des goûts différens; il faut donc changer de règle & de régime de la même manière, pour traiter les hommes, & les conduire dans un état de santé, si non de perfection permanente. Pour lors la nécessité ou la convenance des prémierès Loix cesse. Elles deviennent inutiles, & font place aux secondes, qui changeront aussi, puisque les hommes changent. Mais tous ces changemens successifs, ne sauroient avoir d'autre objet, que leur bonheur ; & c'est bien pour cela, qu'elles changent. Le changement des Loix est c e aussi naturel, que le changement de nouritu selon les âges, les climats, & les maladies :   & que le changement d'habits selon la saison, les païs, & la mode. Les anciens vieillissent & deviennent incommodes, & quelquefois dangereux : mais cependant on ne sauroit se passer d'habits & de nouriture; & le changement qu'on en fait, n'a d'autre objet que de nous conserver la vie, nous procurer, des plaisirs, & nous défendre des injures de l'air, du feu, &c.

CHA.

CHAPITRE III.

Il ne faut pas confondre les règlemens, & les ordonnances, & statuts particuliers, avec la Loi. Cet équivoque est fort commun, & c'est ce qui fait l'apparence des contradictions incessantes des Loix, & de leur inutilité lorsqu'elles vieillissent. A proprement dire, ce qui est Loi ne change jamais : & c'est l'esprit des Loix qui est toujours le même, quoique le corps change successivement. Cet Esprit ne sauroit désister un moment de vouloir le bonheur des hommes, & de le procurer de toutes les façons imaginables, & par toutes les combinaisons, qui pourroient se présenter. C'est tout comme l'Ame dans le corps composé de plusieurs membres, pour les offices différens auxquels ils sont destinés ; qui quelquefois paroissent agir les uns contre les autres, & cependant, c'est cette contrenitence, qui fait subsister, & agir la machine.

Dans le fond on ne sauroit dire qu'aucune Loi particulière eût une bonté intrinsèque, car c'est toujours un gêne, un frein, & un fardeau imposant sur les hommes ; d'autant plus qu'elle suppose toujours l'infirmité, & la foiblesse de la nature humaine, qui n'est rien moins qu'un objet charmant. C'est ainsi que la saignée & les remedes ne sont bons que relativement aux maladies, & sont des maux à les considérer pour les hommes en bonne santé. Cependant il les faut appliquer, & on n'a de salut que par eux, & c'est ce qui les fait appeller bons, puisqu'ils sont néces-
faires,

faires, pour produire des bons effets. Au contraire l'Esprit des Loix est d'une bonté intrinseque &
parfaite; & toutes les Loix particulières ne sauroient être bonnes, qu'autant qu'il les anime.

Cette vérité *n'est pas l'éponge de toutes les difficultés qu'on peut faire sur les Loix de Moyse:*
mais sur toutes les difficultés infinies, qu'on peut
faire sur toutes les Loix du monde. Pourquoi
Mr. de M^on. ne parle-t-il de cette éponge, que
pour les Loix de Moyse? Si vous n'êtes pas bien
au fait de l'humanité, vous trouverez des difficultés par tout: & si vous avez une juste idée de la
Divinité, vous n'en sauriez trouver aucune dans
les Loix de Moyse; aussitôt que le peuple Juif
vous soit connu d'origine, & que vous n'ignoriez
pas le siècle du monde où il a reçu des Loix, le
païs d'où il sortoit, & celui où il alloit s'établir.

La Loi la plus simple & la plus générale est
toujours la meilleure. C'est celle qui représente
mieux son Esprit. Il n'y a rien de tel, que d'aimer Dieu de toutes ses forces, son prochain comme soi-même, & rompre commerce avec les mal-
honnêtes gens, sans leur refuser les sécours naturels, dont ils ne pourroient se passer. Voilà
tout, & il n'y a rien davantage dans la Loi de
l'Evangile. Mais comme on y prévoit bien des
violations accidentelles & fréquentes, presque
indispensables à la foiblesse humaine: on annonce aux fidèles un Médiateur suprème, une victi-
me unique, qui efface toutes les violations; qui
reconcilie les transgresseurs, & leur donne les
sécours convenables par la foi, l'espérance, & la
charité, pour finir du moins à la mort, leurs

K

trans-

transgreſſions, leurs foibleſſes, leurs craintes, & les préparer à un bonheur éternel. Qu'on propoſe aux hommes tels qu'ils ſont, quelque choſe de meilleur, s'il eſt poſſible? Voilà le véritable eſprit, le modèle, & l'exemplaire des Loix.

Ne me demandez pas après tout cela, ce que c'eſt que l'Eſprit des Loix. Je crois bien le connoître: mais je n'oſe le dire, que par reſſemblance. C'eſt juſtement ce que c'eſt que l'Eſprit des Lettres Perſannes, qui ont ſi fort charmé l'Europe, & qui en ont fait débiter tant d'exemplaires. Vous attendiez-vous à quelque choſe de ſi poſitif & qui quadre mieux au ſujet? Demandez donc à l'Illuſtre Préſident de Monteſquiou, ce qui c'eſt que l'Eſprit des Lettres Perſannes, où il loge, & comment il a ſi fort brillé dans cette prémière production. C'eſt lui-même qui vous donnera une réponſe ſatisfaiſante, par le même Eſprit, ſans que je choque certaines préventions, qui ſont de la mode des ſçavans.

Pour moi je ſai bien que l'Eſprit d'un ouvrage eſt le même qui anime ſon Auteur. Je crois même avoir inſinué, & peut-être démontré pour quelqu'un, que la Loi eſt originellement, & eſſentiellement l'idée & le deſſein de la Nature, & de l'humanité, qui ſont l'ouvrage d'un Auteur. C'eſt donc dans cet Auteur ſuprême que ſe trouve infailliblement l'eſprit des Loix. C'eſt là que je le cherche ſur les traces qu'il a marqué lui-même dans ſes productions, & qu'il a réimprimé de tems en tems, pour réſiſter à la foibleſſe de la matière, aux injures du tems, & à la malice des méchans.

F I N.

ESSAIS

ESSAIS

SUR

L'ORIGINE NATURELLE

DES

GOUVERNEMENS

POLITIQUES

PAR

LE COMTE J. DE CATANEO.

PRÉFACE

Je n'ignore pas tous les efforts, que les plus grands génies ont fait depuis un siècle, pour tracer une forme naturelle de Gouvernement politique parmi les hommes, & la déduire du fond de la Nature générale du Genre humain. C'est probablement ma faute: mais j'ai toute la peine du monde, de comprendre leurs raisonnemens, & de convenir avec eux sur cet important article. Je n'ai pas moins été surpris de ce qu'on en dit dans *l'Esprit des Loix*, & particulièrement, lorsque son illustre Auteur prétend prouver, que le principe agissant, & le principal ressort des Republiques est la vertu; des Monarchies, c'est le Point d'honneur; & la Force, du Despotisme. Je n'en saurois tomber d'accord: mais qui suis-je moi, pour léver le bouclier, contre des auteurs aussi respectables; & pour hazarder des pensées, qui ne sauroient être nouvelles, que par rapport à l'enchainement, & à la disposition que je leur ai donné? J'en conviens par

K 3

avance;

avance; & c'eſt cela même qui me donne
le courage de les produire, ſoit par reconnoiſſance envers les ſources d'où elles découlent;　ſoit pour faire honneur à la liberté du Genre humain, & au droit des
perſonnes d'étude.

Je n'ai garde d'attaquer les raiſonnemens de Mr. de M**.　Cela me méneroit
trop loin; & j'éviterai toujours de faire
l'Analyſe des trois formes du Gouvernement politique, pour prouver que la vertu
& la force entrent également par tout: car
pour le prétendu point d'honneur, je ne
ſai ce que c'eſt, ſi ce n'eſt pas une vertu,
ou un vice.　Je me contenterai de faire
le rapport de ce que j'ai penſé ſur le Gouvernement naturel parmi les hommes, pour
le bien-être de la Société néceſſaire à leur
bonheur; ſans conteſter, ni prétendre qu'on
reſpectera les mépriſes, qui pourroient
bien m'être échappés, comme cela n'arrive que trop à tout le monde.

ESSAIS

SUR

L'ORIGINE NATURELLE

DES GOUVERNEMENS

POLITIQUES.

CHAPITRE I.

La crainte, qu'on taché d'élever fur le trone, comme le principe originel de toutes les fociétés, m'a parû toujours fi éloigné de la vérité, & du bon fens, que je n'ai pû m'empêcher de l'attaquer dans plufieurs endroits de mes ouvrages. Fort longtems auparavant que les hommes puffent fe craindre les uns les autres, & difputer pour la poffeffion des biens; un penchant naturel, & une habitude familière, les portoit à s'unir entr'eux; & mille indifpenfables befoins, auxquels un folitaire ne peut jamais fuffire, quelque adreffe dont il foit pourvû,

vû, devoient les lier ensemble; & mille plaifirs auxquels nous fommes naturellement portés, devoient ferrer les nœuds de la fociété,
fans laquelle on ne fauroit parvenir, à quelque
bonheur. Ce fait inconteftable a de tout tems
précedé la crainte, & les frayeurs qui ont fuc-
cedé à l'envie, à la jaloufie, & à la rage de
s'enlever les biens naturels: Et même malgré
tous les maux, que les hommes corrompus ont
gliflé dans la fociété, elle faut encore mille fois
mieux, que s'il étoit poffible de l'abolir.

Ferions - nous le tort au bon fens naturel, de
vouloir lui prouver en détail, ce qu'il avoue
lui-même en gros à tout moment? Quel eft
l'enfant qui naifle avec des inclinations de haine contre fes femblables, ou de crainte contre
les plus forts que lui? Peut - on fe refufer
aux témoignages de l'amitié, & de l'amour naturel, qui éclate dans la plus tendre juneffe?
Il lui faut bien des rudes expériences, pour la
porter à craindre quelque chofe. L'éducation
même a beaucoup de peine à rendre les enfans
circonfpects. Ce feroit une véritable chicanne,
que de foûtenir le contraire. La crainte ne
fauroit que fuivre l'amour.

Des hommes nés comme des champignons
dans les forêts, d'où la faim, & cent autres
befoins, les auroient chaflés, comme des bêtes
feroces, ce font des imaginations creufes, non
feulement deftituées d'autorité, & de vraifem-
blance: mais convaincues de fauffeté par l'hiftoire, & par toutes les expériences de nos jours,
ainfi

ainſi que je l'ai bien démontré ailleurs. Je dis l'expérience, car tous les contes qu'on nous fait de quelque figure aprochante de l'humaine, tirée des foréts, qui grimpoit comme le ſinges ſur les arbres, ont aſſez fait connoître l'impoſſibilité de l'aprivoiſer, de lui apprendre un langage, & de la reformer ſur le modèle d'une véritable humanité. On en a dit de même de certains ſauvages iſolés des coins les plus réculés de la Terre. Toutes ces hiſtoriettes ſi chéries de certains auteurs modernes, ne les ont pas cependant détrompés encore de la prétendue origine forétiere du genre humain.

Ce n'eſt pas non plus, pour s'aſſurer la juſte poſſeſſion, & la diſtribution de la vie, de l'honneur, & des biens, que la Société ſe ſeroit originellement introduite parmi les mortels. Cela eſt évidemment faux: car point de vie, point d'honneur, point de biens, ſans la ſociété; & preſque point de raiſonnement complet. Un homme ſauvage, auroit-il jamais imaginé, que la ſociété pourroit lui être ſi utile & néceſſaire, ſans l'avoir appris par l'expérience? De quel front oſe-t-on dire, que de miſérables créatures ſorties des plus ſombres foréts, ſans réſentir d'autres réſorts que la peur, qui fait fuir ſes ſemblables, auroit compris & concurrû à établir des ſociétés? C'eſt trop abuſer des termes, & en impoſer aux ſimples, que de commencer par là. Depuis tous les ſiècles, dit-on, les hommes ne ſont que des bêtes, & cependant on leur attribue, ce qu'aucune autre eſpèce

d'ani.

d'animaux, n'a jamais fait.   Quelle contradiction ?

Le grand objet de s'assurer la possession tranquille de la vie, de l'honneur, & des biens, ne
vient qu'après les avoir obtenus, & en avoir
goûté la douceur;   ce qui ne sauroit dériver,
que de la société même.   C'est d'elle uniquement, qu'on obtient la vie, l'honneur, & les
biens; & c'en est son principal but.   Cela est
si constant & incontestable,   que bien des Sociétés se font soutenues assez longtems,   & se
soutiennent encore, sans que les peuples fussent
fort assurés de la possession tranquille de tout
ce qui leur appartient;   pourvû que généralement leur société les pourvût généreusement
des moyens sûrs, aisés, & durables, de se procurer toute sorte de biens, & de plaisirs. N'est-
ce pas ce qu'on voit aujourd'hui parmi le Despotisme Turc, & presque dans tout l'Orient,
où la vie, l'honneur, & les biens dépendent
du caprice du Sultan, & des Bachas, comme
ceux-ci dépendent de la fureur populaire? La
société n'en subsiste pas moins parmi eux, qu'au
milieu de la Republique la mieux policée.   En
effet les hommes ne risquent-ils pas généralement, leurs biens, & leur vie même, pour leurs
plaisirs, & leurs avantages;   & pour en jouir à
leur aise?   Ils font assez instruits des casualités
auxquelles toute sorte de bien est inévitablement sujet, pour fonder sur une possession infaillible.   Ce qui les flatte le plus, c'est de les
obtenir à bon compte & d'en profiter tant qu'ils
peu-

peuvent. Peut-être même que généralement l'avarice, n'a d'autre prétexte que les casuali-tés auxquelles tous les biens sont sujets : c'est pourquoi on en cherche de tout côté, pour que les uns au moins restent, si les autres se per-dent. Le principal objet de la société, c'est donc d'obtenir les biens, & les plaisirs, quoique passagers : & c'est à cela qu'aucune crainte préalable, ne sauroit avoir part. Je suis fort étonné que tant d'illustres & sérieux Juriscon-sultes, & Philosophes, n'ayent que peu ou point refléchi là-dessus.

Les meilleurs Politiques mêmes ont très souvent échoué contre cet écueil. Un Legis-lateur qui ne s'est occupé, qu'à fixer la conser-vation tranquille des biens de son peuple, n'est venu à bout de rien, s'il ne l'a auparavant fourni des moyens convenables pour s'en pourvoir, & pour en jouir, par les arts, & par le commerce, selon que la situation du païs le peut permettre. Que conserveroit - on, quand on manqueroit de tout ? Aussitôt que la famille se multiplie, la question n'est pas de juger des Procès, & d'infliger des peines : c'est d'avoir de quoi vivre, & de quoi fournir à tous ses besoins, aussi-bien qu'à tous ses plaisirs. Personne ne se trouve pas fort accablé d'avoir des procès, pour avoir des grands biens, & jouir d'une infinité de plaisirs. Il vaut en-core mieux avoir l'un & l'autre, que de manquer de tous les deux.

La prémière chofe dont il eft queftion dans
la fociété, c'eft de cultiver la terre, de nourir du bétail, de travailler à toute forte de
draps, & d'avoir quelque forte d'Architecture.
C'eft là le principal objet de la fociété, où la
crainte ne peut rien influer. Or pour labourer
la terre, il faut la fouiller auparavant, pour
en tirer le fer, le travailler dans la forge, &
en former les inftrumens néceffaires, pour ré-
duire le bois même en charrues, en brouettes,
& conftruire cent autres machines, fans lef-
quelles on ne fauroit obtenir ce qui eft néces-
faire pour foutenir la vie, & la rendre heureufe. Car la vie & tout ce qui en dépend,
n'eft rien auffitôt que le plaifir manque. Elle
devient même à charge dans la mifère, dans la
douleur, & dans l'ennui. La rejouiffance eft
aux hommes auffi naturelle, que la vie même,
& ne dépend aucunement de la peur. Y eut-
il quelqu'un au monde, porté à fe divertir, &
à fe rejouir, par la crainte? Cette chaine infinie de fciences, d'arts, de manufactures, &
d'ouvriers, qui fait effentiellement le foutien
& le bonheur de la fociété, quelque chicanne
éternelle qu'on ofe faire, n'a aucun rapport
avec la peur de Mr. Hobbes.

CHAPITRE II.

Cependant je puis sans les nommer, dire que plusieurs grands génies, qui ont brillé quelque tems, par les productions hardies de leur esprit, ne se sont pas donné la peine d'examiner le faux principe, sur lequel ils ont bâti leurs Systêmes. Le terrein de l'humanité, originellement très solide & fort, à bien changé dans la suite, par les accidens qui lui sont survenus. Il est devenu marecageux, où il faut des bons pilotis pour y élever un édifice qui subsiste. Il faut fouiller jusqu'au roc, & ne pas se laisser emporter au gré d'un raisonnement vague, & léger. L'édifice peut être imaginé selon les règles, & les proportions plus justes & plus belles de l'Architecture. Les ouvriers peuvent être très habiles : mais à quoi bon tout cela, si le fond manque ? La ruine en sera plus grande, & plus déplorable.

La foiblesse du raisonnement humain, paroît d'abord à l'abus général qu'on fait de son activité, en franchissant presque toujours les bornes, qui lui sont naturels, de quelque côté qu'on le pousse. Du moment qu'il se mêt en train de reconnoître sa propre suffisance, le voilà s'ériger en magistrature pour décider de tout, avec un empire absolû; & rejetter arbitrairement tout ce qui se trouve hors de la sphère de sa capacité. Mais comme il rencontre

tre trop souvent des obstacles, qui l'arrêtent;
& qui lui reprochent sa mediocrité; il regimbe,
& tombe avec les Pyrroniens dans l'excès opposé, renonçant même à sa propre nature, pour
se confondre avec les brutes. Un véritable
fond d'orgueil le pousse à la dernière lâcheté:
& il refuse avec obstination, de se prêter aux
connoissances plus claires & palpables, qu'on
lui fournit. Il en vient jusqu'à mentir l'évidence des choses, sur lesquelles il lui faut incessamment fonder, malgré qu'il en ait.

Ce sont là deux extrémités opposées, qui forment deux partis irréconciliables dans le païs
des savans, & qui ne sont pas moins éloignés
de la vérité, les uns, que les autres. Tout est
possible aux uns. Rien n'est possible aux autres. Ils ne sauroient convenir qu'il y ait du
possible, & de l'impossible; & cela même par
différens degrés, selon que l'esprit humain a
plus ou moins de culture. On n'auroit pas
grand tort de regarder l'Entendement humain,
comme l'élasticité d'un ressort, qui ne viendroit
jamais degagé pour déploier sa force, tandis
qu'il n'est pas cultivé. Ce seroit comme un
rien, quant aux effets; quoiqu'il fut véritablement quelque chose, quant à la puissance.

Le raisonnement ne vient qu'après. Car,
qu'est-ce que la Raison; si non une vérité ma-
nifestative d'une autre, par les rapports & les
combinaisons, qu'elle développe? C'est pourquoi, il ne sauroit y avoir de Raison au monde, sans des vérités préalablement connues, &
dont

dont on soit entièrement convaincû. On a beau imaginer de petits enfans, élevés dans les bois, & privés de toute éducation, pour leur prêter des raisonnemens, que le poëte forge dans son cabinet, pour donner apparence à ses préjugés particuliers. On aura moins de peine à prouver qu'un petit chien raisonne, élevé parmi les hommes; qu'un enfant raisonne, élevé parmi les bêtes.

Aussi-bien voyons-nous, que la mort, les mésalliances, les disgraces, & les crimes des peres, jettent dans la honte, & dans la misère leur posterité; & que faute d'éducation leurs enfans restent grossiers, vicieux, ignorans; & peu à peu, dégénerent de façon, qu'ils perdent les traces même de toute politesse, de toute vertu, & presque de l'humanité. C'est là l'unique & palpable raison de la totale corruption des peuples, & des Nations entières, qui se sont brutalisées au point de revoquer en doute s'ils ne sont plus de'la même espèce. Pour-quoi chercherions-nous d'autres raisons, après ce que nous voyons tous les jours arriver parmi nous, malgré nos sociétés si bien policées? Combien ne voyons-nous pas de familles, se défigurer même dans le corps, dans le langage, & dépérir peu à peu, par les défauts, & mala-dies héritées de leurs peres? L'invasion des bar-bares n'a-t-elle pas réüssi à barbariser plus d'une fois, le monde entier?

Enfin est-il possible, qu'il y ait encore des Philosophes au monde, qui puissent ignorer,
que

que l'Entendement humain n'eft qu'une incef-
fante activité pour comprendre & recevoir ce
qui eft intelligibile, dans tous les objets, dès
qu'ils fe préfentent à lui ? C'eft à peu près
comme une cire molle, capable de recevoir
toute forte d'empreinte, qu'on veut faire fur
elle ; & dont la dernière refte toujours, tandis
qu'elle ne foit effacée par une autre. L'unique
différence qu'il faut remarquer à préfent, c'eft
que l'Entendement humain eft capable d'apprendre à combiner enfemble, les différentes no-
tions qu'on lui fournit ; fans cependant pouvoir
jamais rien produire de foi-même.

Les idées que les Platoniciens fuppofent innées, font, felon leur doctrine, apprifes des
ames là-haut, long-tems avant d'être reléguées
dans les corps : mais en confidérant la nature
de l'efprit humain, Platon à fort bien connu,
qu'il n'eft qu'un fimple & nud principe actif :
& il paroît qu'à l'action près, c'eft la *Tabula
rafa* d'Ariftote. N'eft-ce pas infinuer précifement, qu'il n'a rien de lui-même ; & que tout
ce qu'il a, ou qu'il paroît avoir, lui vient, &
lui doit venir d'ailleurs ?

En effet d'abord qu'on preffe les favans là-
deffus ; il faut bien qu'ils tombent d'accord,
que tout homme doit immédiatement recevoir
des autres un amas de connoiffances, & de principes : & même apprendre d'eux la manière de
les combiner, & de les rapporter enfemble, ce
qui s'appelle raifonner deffus. De forte que
chez nous, tout eft tradition. Qu'on fe dé-
batte

batte tant qu'on voudra, c'eſt là qu'il en faut toujours revenir, comme on le voit dans toutes les ſciences & dans tous les arts.

Or s'il y eut un prémier homme de la même nature, qu'il a transmiſe aux autres: comme celui-là n'auroit rien pû apprendre par tradition, puisqu'aucun autre ne l'a précedé: il faut donner la tête contre la muraille, pour ne pas avouër, qu'il doit avoir tout reçû par Revélation, pour devenir la ſource naturelle, & néceſſaire de la tradition envers ſes enfans, d'où eſt ſorti tout le genre humain.

Comme nous n'avons qu'un ſeul Livre, où il ſoit parlé de l'origine du monde; & que ce livre s'eſt concilié beaucoup d'eſtime, & de veneration parmi les plus honnêtes gens, pendant plus de trente ſept ſiècles; il peut'être permis d'y faire quelque attention. Auſſi-bien n'a-t-on eu jamais rien de raiſonnable à lui oppoſer, & voit-on que tous les ſavans font grand cas d'Herodote, de Diodore, de Tite Live, & de tant d'autres, malgré le merveilleux, où ils ont donné quelques fois.

Il y a d'autres ouvrages par lesquels on a devéloppé les marques certaines, d'un caractère bien ſupérieur, & bien plus reſpectable, qui éclate dans l'hiſtoire de Moyſe, que dans tout ce qu'on peut produire des autres auteurs connus: mais ce n'eſt pas le moment d'en repeter les preuves; pour ne pas dis-

L

continuer

continuer un raifonnement, dont la force dé‑
pend de la fuite des propofitions, qui fe reci‑
proquent leur clarté.

CHAPITRE III.

Mais s'il y a quelque chofe, qui marque à
un coin infaillible, l'extravagance de l'Ef‑
prit des hommes, c'eft de trouver tant de gra‑
ves Auteurs, qui ont donné dans la fauffe idée
du Genre humain, originellement répandu com‑
me les bêtes, dans les bois, & par les campa‑
gnes, fans aucune fociété. Ils fe font même
donné toutes les peines imaginables, pour attri‑
buer à ces hommes farouches, une oppofition
à la fociabilité, qu'on n'ofa vaincre, que par la
terreur, ou par les amorces de quelques plai‑
firs, comme par les charmes d'Orphée.

Ne diroit‑on pas, que ces Auteurs, auroient
tout à fait oublié, que les hommes générale‑
ment par tout, naiffent du mariage, dans des
familles toujours affociées enfemble : & que fi
par des hazards très rares, quelque couple
d'hommes s'eft allé cacher dans les bois, pour
fauver fa vie : la mifère a bientôt contraint fes
defcendans d'en fortir, & demander quartier
au Genre humain; qui n'a jamais refufé de les
rémener à la fociété, & de les cultiver, par un
droit que la Nature même impofe?

Eft‑il poffible, qu'on n'ait pas d'abord aper‑
çû l'égarement de ces Auteurs‑là, & la fauffeté
mani‑

manifeste du fondement qu'ils posoient? Quand même ils n'auroient pas connu par la tradition, & par le consentement général, que tous les hommes ont leur source d'un seul pere, & qu'ils doivent avoir formé d'abord une famille toute seule, & quelque tems après une grande société: ce qui arrive présentement sur toute la terre, ne suffisoit-il pas, pour les rémener de leur égarement? Point du tout. Lorsqu'une fois la prévention s'est emparée de l'esprit; il n'y a pas même le témoignage des sens, qui soit capable de nous redresser.

C'est la nécessité manifeste de pourvoir à la subsistance des hommes infiniment multipliés, qui a donné lieu à leur séparation; pour défricher des nouvelles terres, & presser leurs riches & intarissables seins, afin d'en tirer la nouriture des différentes nations, qui ont peuplé le monde. Cependant elles se sont divisées toujours en grandes Sociétés, avec les secours des sciences & des arts, appris de leurs progéniteurs. La vaste surface de la terre ne s'est pas peuplée autrement.

Ce qui paroît encore plus extraordinaire, dans l'imagination, qui a si fort flatté ces Auteurs, c'est qu'il n'y a pas la moindre trace, dans toute l'histoire, pas même dans les fictions poëtiques, d'aucune assemblée ni générale, ni particulière, pour convenir de la Religion, des loix, & des usages généralement établis chez les hommes. Les Poëtes tous unanimement, ont parlé du Genre humain, comme de la race des

Dieux

Dieux mêmes : & ont soutenu par toute sorte d'inventions, que toutes les sciences & les arts, venoient aux hommes par Revélation immediate. Les historiens, qui vinrent après, n'ont pas parlé autrement, & n'ont changé quelques fois, que la Revélation, en tradition. Enfin le Philosophisme est venu, qui n'a point été d'un autre sentiment. Cependant parmi tant d'habiles gens, comme il y eut aussi des sectes qui forgèrent bien des sophismes, & des absurdités, on trouve parmi ces dernières, quelques traces des hommes répandus sur la terre, comme des bêtes. C'est là probablement, que quelque Jurisconsulte a puisé le creux fondement sur lequel il batit sa jurisprudence.

A la vérité il peut bien être arrivé, que les enfans rebelles à leurs parens, incommodes à leurs familles, & pernicieux à leurs sociétés, pour se mettre à couvert des châtimens qu'ils s'étoient attirés, se soyent échappés, & ayent cherché des asiles dans de rudes climats, & des païs où les bois, les montagnes, & les rivières, formoient une barrière naturelle. C'est par là, sans doute, que quelque étincelle d'humanité, s'est peu à peu obscurcie, & a presque éteint toute lumière de bon sens, & de vertu. Mais qu'est-ce que cela en comparaison de l'universalité du genre humain : qui a persisté incessamment, dans des sociétés nombreuses & policées, par une successive tradition ?

Peut-on ignorer que la Caldée, ancien berceau du monde, après le Deluge universel, est la

nou-

nouvelle pépinière, d'où font forties toutes les nations, emportans avec elles les traditions, les loix, & les coûtumes de leurs ancêtres ? Les Scythes, les Indiens, les Egiptiens, & les Phéniciens, ont tiré de la Caldée toutes leurs connoiſſances, & leur police. C'eſt un fait hiſtorique dont on ne ſauroit disconvenir. Les Phéniciens, & les Egiptiens, ont cultivé les Grecs; & ceux-ci tout le reſte de l'Europe.

Les traditions en paſſant de main en main, ont ſouffert des alterations conſidérables, par les préjugés des hommes, qui s'en emparèrent, & s'en firent les dépoſitaires, & les promulgateurs. On courroit même risque, que les véritables fuſſent entièrement effacées un jour: mais le Pere, & l'Auteur des hommes, y avoit pourvû depuis longtems. Il a trouvé bon de choiſir un peuple particulier, pour le faire le dépoſitaire des véritables traditions ; de le diſtinguer par une marque ineffaçable; & de le faire briller aux yeux de toute la terre, comme un favori de la Providence , auquel on pourroit toujours avoir recours, pour retrouver les véritables traces de la Nature, de la Religion, des Loix, & des Droits de l'humanité. C'eſt par là, que la Tradition redigée par écrit, a été tirée des mains prophanes & téméraires du raiſonnement humain, qui flotte inceſſamment au gré des paſſions, & des préjugés les plus affreux, dès qu'il n'eſt pas borné, par une éducation ſalutaire , & par une autorité ſuprème, qui ſe faſſe ſentir.

L 3

C'eſt

C'eſt ce que nous allons voir par le ſeul rapport hiſtorique de la création ; où l'on marque auſſi la véritable origine de la dépravation générale, par laquelle le culte même du prémier Etre, & l'amour du prochain, devoit ſe confondre, & presque périr tout à fait, ſans le ſécours d'une nouvelle Revélation divine.

CHAPITRE IV.

Rien n'eſt plus ſimple & plus naturel, que ce que le Créateur a fait, en formant l'homme, pour l'engager à l'honorer, & à l'aimer au-deſſus de tout autre choſe ; & à aimer tendrement ſon prochain comme ſoi-même ; ce qui eſt le grand bût de toute loi, & de toute juſtice.

Adam eſt créé d'abord tout ſeul, pour lui faire ſentir le penchant naturel à la ſociété, qu'aucun autre avantage au monde ne ſauroit remplacer. Il eſt bientôt conſolé de ce prémier ennui, par une compagne tirée de ſon propre corps, pour n'héſiter pas d'un moment à s'attacher à elle. Tous les attraits, & tous les charmes imaginables, mirent la dernière main à l'œuvre ; & l'homme apprit du prémier moment à aimer ſon ſemblable comme ſoi-même.

Tous les objets extérieurs, non obſtant la nouveauté de la ſenſation, n'ont rien qui partage cet amour naiſſant ; & tout ce qu'ils préſentent

sentent d'agréable & délicieux, ne satisfait ces tendres époux, qu'autant qu'ils en goûtent ensemble. Dieu même s'y plait, & paroît ne pas disconvenir, qu'Adam prononce des tendresses, à son Epouse, lorsqu'il ne paroît pas avoir rien dit encore, pour témoigner sa reconnoissance, & son culte, à son suprème Auteur. En effet n'est-il pas naturel de commencer par aimer nos semblables, pour s'élever ensemble à aimer Dieu? Aussi-bien est-ce Dieu même qu'on aime, dans tout ce qui est aimable: & rien ne manque pour lui rendre un culte naturellement parfait, lorsqu'on connoît d'aimer souverainement Dieu dans ses ouvrages.

Il n'y a rien, dans tout ce que Dieu venoit de créer, qui puisse présenter la moindre idée, ni exciter le moindre sentiment de haine, & de terreur. L'innocence n'est pas compatible avec cela. Dieu lui-même se présente toujours à Adam, avec une figure semblable à celle, qu'il venoit de lui donner. Il parle son propre langage, & ne paroît occupé, qu'à lui procurer toute sorte de biens, & de plaisirs. Après l'autorité qu'il lui donne sur toute la terre, le jardin delicieux où il le place, & l'admirable compagne par laquelle il comble son bonheur; pourroit-il encore manquer quelque chose de la part du Créateur, pour se faire aimer d'Adam, & par lui de toute la nature humaine?

Cependant il fait plus encore. Comme il n'ignore pas qu'il y a pour l'homme tout nouveau sur la terre, le danger, qu'il ne commence

mence

mence à fe nourir par un fruit excellent, dont l'ufage incomparable ne devoit fe faire, qu' après avoir goûté du fruit de la vie ; il l'en avertit, par une tendreffe paternelle, & daigne lui en marquer la raifon ; car dit-il, ce feroit pour vous un poifon mortel.

Cet avertiffement apprend en même tems, à un efprit jaloux, l'unique moyen de fe défaire des hommes : & fans balancer, il l'embraffe auffitôt, attaquant cette jeune fille, & lui faifant comprendre, qu'il étoit à part du fecret de l'Eternel. C'eft par là qu'il s'infinue, pour contredire l'arrêt Divin, & en démentir les funeftes conféquences, gliffant malicieufement quelque mot, pour faire prendre en mauvaife part, l'avertiffement falutaire, que le Créateur venoit de lui donner.

La pauvre innocente qui ignore s'il y a d'autres figures dans le monde, qui parlent le langage de fon époux, & qui n'eft pas encore fufceptible de crainte, n'ayant point d'idée, ni de fentiment d'aucun mal, & bien moins de la mort ; ne prend point d'ombrage de la converfation ; & flattée par les attraits du fruit défendu, elle le porte inconfidérément à la bouche, & en fait part à fon mari, qui ne fauroit lui rien refufer & qui en mange avec elle.

Voilà le grand coup porté fur la nature humaine, malgré les foins du Créateur, pour fe conferver le plus parfait des ouvrages de fa toute-puiffance, formé pour un bonheur éternel. Dans le moment, ces deux prémières créatures

font

font averties de leur faute, par des friſſons intérieurs, qui pouſſent en même tems la rougeur au viſage, & leur donnent les prémières ſenſations du froid, & de la honte. Ils cherchent d'abord à ſe couvrir; & ce fut là, la prémière interruption du parfait amour, dans lequel ils avoient été placés, par leur création.

D'abord l'avertiſſement paternel du Créateur, eſt regardé comme une ménace; & le dérangement intérieur, ne leur fait que trop apprehender des ſuites mortelles. En faut-il davantage, pour n'oſer plus ſoutenir la face de leur Maître, qu'ils commencent à redouter alors, comme un vengeur de leur crime? pour ne pas reſſentir de l'averſion & de la haine, contre la trahiſon du ſerpent; & l'apréhenſion mortelle de périr à tous momens, & de renoncer à tous les biens, dont ils ne faiſoient que goûter? Le retardement même à mourir, ne devoit-il pas auſſi leur donner quelques eſpèrances, & les faire douter un peu de l'effet des ménaces du Tout-puiſſant; ou bien leur perſuader que la mort n'étoit autre choſe, que l'état où ils ſe trouvoient? On voit bien que l'état malheureux où ils tombèrent d'abord, les pouſſa juſqu'à interrompre le parfait amour, qu'il y avoit entre ces deux prémières créatures humaines; puiſqu'Adam ne héſita pas de rejetter ſa faute, ſur la compagne, *que Vous m'avez donné*, oſe-t-il dire à Dieu.

Voilà donc tout d'un coup, l'amour & la foi, ſi naturelles à l'homme s'affoiblir, ſe con-

L 5

fondre

fondre, & prêtes à périr tout à fait, au prémier choc de la prémière épreuve. Le raisonnement humain auroit-il pû tirer Adam & Eve de la seule incertitude de leur sort, source fatale des tenèbres, dont fut bientôt inondée l'humanité ? Pouvoit-il démêler si Dieu auroit pardonné aux hommes, ou non ? s'il auroit reparé leurs dommages, ou non ? s'ils alloient mourir, ou non ? Il ne faut que s'éloigner un moment de la foi, & de l'amour qui nous attachent à Dieu, pour tomber dans une obscurité si déplorable.

C'est Dieu tout seul, qui vient les tirer de la triste situation, où ils se trouvent, par une nouvelle Revélation. Il apelle les coupables, leur fait connoître, que leur malheur n'est venu, que de lui avoir manqué de foi, & d'obéïssance. Il confirme lui-même d'abord la haine, & l'inimitié, contre un ennemi, qui ne seroit pas détruit si tôt, & qui leur livreroit bien des combats, avant que d'être écrasé sous leurs pieds. Mais en attendant il leur annonce une vie de peines, & de douleurs, qui ne finiroit que par la mort, après laquelle on leur ouvroit quelques espèrances. Enfin on les chasse du jardin délicieux, & on les renvoye travailler la terre, pour en tirer de quoi vivre, & nourir leur postérité.

Tout cela n'étoit encore, qu'une seconde épreuve, & l'unique remede à leur faute : mais les hommes n'en jugent pas ainsi ; & le défectueux raisonnement humain le fit regarder comme

me un châtiment, & une punition sevère. Nos
peres n'aimoient pas de mourir sans doute;
mais ils n'auroient pas voulu non plus, mener
une vie de travail, & de langueur. Tout le
bien qu'on leur fait esperer, est fort éloigné;
& tout le mal est présent. Quelle opposition,
entre ce dernier état, & le prémier!

Je n'ose pas toucher à la funeste Tragédie,
qui suivit bientôt après entre les deux prémiers
freres; & qui mit le comble au renversement
de l'amour & de la foi, chez les hommes. Le
principe actif de l'amour naturel, n'osant plus
se fier aux objets extérieurs, rentra dans soi-
même, & tourna sur lui toute son activité;
ce qui produisit ce qu'on apelle Amour propre.
C'est là l'obstacle presque insurmontable à l'a-
mour du prochain; & d'autant plus pernicieux,
qu'il est souvent imperceptible; qu'il se déguise
aisément; & qu'on en est presque toujours la
dûpe.

CHAPITRE V.

Par ce détail abrégé, & tiré, je puis dire,
mot à mot de la narration de Moyse; on
comprend aussi clair que le jour, qu'on n'en
pouvoit faire davantage pour des créatures in-
telligentes; que ce que le Créateur fit d'abord
pour fixer la nature humaine, sur une base
aussi solide, qu'on l'auroit pû imaginer, pour
la rendre éternellement heureuse; en la faisant
vivre

vivre d'un parfait amour envers lui, & envers elle-même.

On ne voit pas moins, par quel hazard cet admirable ouvrage s'eft ruiné tout d'un coup; & a précipité le Genre humain, dans les foibleffes, les tenebres, et la furieufe dépravation, qui furent les fuites presque néceffaires de la prémière erreur. C'eft uniquement par la faute du raifonnement humain, que tant de malheurs ont fuivi de fi près. Dès qu'il a une fois fécoué le joug qu'il lui faut, & franchi les bornes de la Revélation divine; il n'y a plus d'écarts, de fougues, & de précipices, auxquels on ne doive s'attendre.

Pour s'en convaincre, on n'a qu'à confidérer l'ignorance où ce fameux Raifonnement tant vanté de nos jours, fe trouve par rapport à Dieu, à fon prochain, & jusqu'à l'Amour même, quoiqu'il lui foit, inféparablement attaché. Après cela, oferoit-on avec quelque apparence, s'en rapporter à lui tout feul, fur la Religion, & fur les Droits des Princes ?

Peu à peu la dépravation univerfelle, ayant éloigné des hommes en général, la préfence fenfible de leur Créateur, & la Tradition perfiftant conftante, à foutenir l'exiftence d'un prémier Etre éternel, Auteur de l'humanité : mais fous les différens afpects, dont nous avons fait mention ci-deffus, c'eft à dire : tantôt comme d'un bon Pere, tantôt comme d'un juge rigoureux : tantôt comme tout-puiffant, & tantôt comme fupportant le contrafte d'un efprit
rebelle,

rebelle , & la ruine de son chef d'œuvre : le Raisonnement humain se mit d'abord en campagne , pour chercher, & forger mille extravagances, dans la resolution de combiner tout cela, selon les caprices, & les passions des hommes.

On n'a qu'à jetter les yeux sur l'ancienne idolatrie, & sur les différens cultes établis, même parmi les Nations les plus policées ; pour comprendre du prémier coup d'œil, des abus effroiables de la droite raison, & du sens commun. Les Philosophes, qui vinrent après, ne furent pas non plus d'accord entr'eux ; car les uns puisèrent à des bonnes sources : mais d'autres se livrant en proye à leurs raisonnemens, s'abandonnèrent après des chimères, quelquefois pires que l'idolatrie. Enfin lorsque toute l'humanité convenoit de l'existence d'un Dieu Tout-puissant éternel ; presque tous les hommes disconvenoient de l'idée qu'on en devoit former, & du culte, qu'on devoit lui rendre.

Il ne furent pas moins dans une incessante contradiction, par rapport au Prochain ; & la dispute a pris de si fortes racines, qu'on en voit bien de rejettons de nos jours. L'un, commence par dire, qu'il suffit d'être homme pour être prochain. L'autre, n'en connoît que dans sa Religion. D'autres enfin demandent la Nation, le païs, le langage, les liens du sang, de la famille, de l'amitié, & des bienfaits. En général, le prochain est celui de qui on se flatte de tirer quelque profit : & pour tout le reste

des

des hommes, c'est bien assez de leur donner quelquefois l'aumone.

Il y eut toujours parmi les hommes, des gens de bien, & religieux, des amis, des parens, des freres : aussi-bien que des scelerats, des impies, des ennemis, des traîtres, des ingrats, & des millions d'inconnus. Tous ces différens hommes n'ont pas les mêmes droits sur notre amour ; & on seroit également stupide, & injuste, de le refuser, ou de l'accorder à tous. Ce qui est encore plus embarrassant, c'est que les mêmes hommes passent souvent d'un caractère à l'autre ; & que d'autres ne changent jamais. On a beau recourrir sur tout cela, au tribunal du raisonnement humain : on n'en fera pas plus avancé pour la théorie, qu'on l'est généralement pour la pratique.

Mais ce qu'il y a de plus extraordinaire, c'est ce que nous allons remarquer par rapport à l'amour, qui est un sentiment également partagé à tous les hommes, & dont leur raisonnement ne paroîtroit pas pouvoir abuser ; puisqu'il n'a, qu'à réfléchir sur soi-même. Or tout homme quand il aime, se plaît d'aimer ; & la satisfaction intérieure, où il se trouve alors, fixe d'abord sa pensée sur l'objet aimé ; & c'est par une telle réfléxion, qu'il découvre, ou qu'il lui attribue des nouvelles beautés, qui l'y attachent toujours davantage. Toute autre pensée l'ennuïe, & le rebute. On ne s'y soumet qu'avec peine, & rien ne nous est plus ravissant, que de s'entretenir avec ce qu'on aime,

&

& de parler à d'autres de lui. Sans cela toute conversation languit, & on y préfère la solitude, où malgré la rigueur des loix Dramatiques, les soliloques n'arrivent que trop naturellement.

Ce n'est pas tout. On n'a de satisfaction, qu'à faire ce qui plaît à ce qu'on aime ; & on ne croit jamais l'estimer & l'honorer assez. On tâche de porter les autres à en faire de même ; & qui n'y consent pas, ne sauroit être de nos amis. Quiconque fait le contraire, est notre ennemi déclaré. Que si par hazard on a le malheur de déplaire à l'objet aimé ; on ne cherche point d'excuses ; on avoue la dette ; & on n'oublie rien pour la satisfaire. C'est delà même qu'on prend occasion de redoubler les marques de tendresse, & de les porter quelquefois à des excès extraordinaires. Enfin on ne craint rien tant, que de déplaire à ce qu'on aime ; & on apréhende sur tout, de n'en être pas aimé.

Voilà sans le secours des Poëtes & des Philosophes, ce que c'est qu'aimer, parmi les hommes ; & peut-être n'y en a-t-il pas beaucoup, qui n'ayent été quelquefois dans le même cas. Cependant si l'on demande aux hommes en gégéral, ce que c'est qu'aimer, on a mille sottes réponses à s'attendre. Le plus grand nombre est persuadé, que ce n'est que l'action animale, qui regarde la génération. D'autres que c'est, ne pas faire du mal. D'autres que c'est faire quelque bien, des politesses, & des honneurs.

D'au-

D'autres enfin, que c'eſt flatter les uns, careſſer les autres, mentir & faire même des baſſeſſes, pour leur faire plaiſir, pour gagner leurs bonnes graces, & nous attirer quelque bienfait. En un mot, on répond presque toujours, qu' aimer les autres, c'eſt nous aimer nous mêmes. Chaqu'un avoue, qu'on n'aime pas ſa femme, comme ſon prochain; ni ſon prochain, comme ſon Dieu : mais on eſt fort embarraſſé de nous en marquer préciſement la différence.

CHAPITRE VI.

Il n'eſt pas à préſumer qu'après avoir fait quelque réfléxion là-deſſus, il puiſſe tomber dans l'eſprit d'un homme qui a le ſens commun, de faire quelque fond ſur le raiſonnement humain, pour décider tout ſeul de la Religion, & des Droits des Monarques. Tout le monde tombe d'accord, que le culte de Dieu, & l'amour du prochain, ſont le fondement ſolide, & unique de toute loi, & de toute juſtice : & cependant il paroît par tout ce que nous avons remarqué, que ce fondement, eſt tout à fait creux & chancellant, ſi on l'abandonne au raiſonnement humain, et aux idées frivoles qu'il ſe forge de la Nature, d'abord qu'il s'émancipe de la Revélation divine, & de la Tradition naturelle.

Sans cette ſuprème loi, on radottera toujours ſur les Droits des Princes, tout comme
on

on fît fur le mariage, et fur tous les autres devoirs de l'humanité. Platon, ce grand Philofophe, après même avoir puifé à quelque bonne
fource, n'a pas laiffé de donner dans l'extravagance de faire les femmes communes dans fa
Republique. Licurgue en a fait presque de
même dans la fienne, & renverfé tout à fait les
idées d'une jufte pudeur parmi les filles. Minos
en Crète, qui les a précédé, avoit imaginé la
communauté des enfans, & renverfé les droits
& la tendreffe naturelle des parens. Voilà les
fruits fauvages de cet arbre tant vanté, dès
qu'il n'eft pas cultivé par la Revélation : car
tous ces gens-là ne manquoient pas de raifonnemens plaufibles, pour juftifier leurs loix.

Il n'en coûteroit pas beaucoup, pour faire
des remarques à peu près femblables fur bien
d'autres Articles; & prouver, *qu'en confidérant
l'homme ou comme créé de Dieu; ou comme
doué par fon Créateur de certaines facultés tant
de corps, que de l'ame, desquelles l'effet eft
fort différent felon l'ufage qu'il en fera, ou enfin comme porté & néceffité même par fa condition naturelle, à vivre en fociété avec fes femblables:* fi toutes ces trois relations font aban-
données entre les mains du raifonnement de
chaque particulier; il y aura presque toujours,
quot capita tot fententiæ. Que fi fur cela on
fe doit rapporter plûtôt aux uns, qu'aux autres, pour en décider, & y pofer des bornes
convenables; il faut toujours en revenir à quelqu'autre tribunal d'autorité, & capable d'en

M

impofer

impofer par refpect, & veneration, au fimple raifonnement particulier. Celui-ci, dès qu'il s'abandonne à lui-même, fe perd néceffaire-ment dans le vafte océan où il flotte au gré des opinions, des paffions, des intérêts, & des pré-ventions humaines ; vents inftancables, & furi-eux, qui ne ceffent jamais de produire les ora-ges, & continuer la tempête.

C'eft pourquoi il ne fera pas hors d'œuvre, de marquer le plus en abrégé qu'il fera poffi-ble, l'inftitution naturelle des Gouvernemens politiques, fans aucune dépendance de l'inven-tion arbitraire : mais par une loi de néceffité, que le Créateur a bien voulu impofer, dès qu'il a préfcrit la forme de la génération, & de la multiplication des hommes. L'Entende-ment humain eft deftiné à la connoître dès qu'on la lui propofe ; & le Raifonnement, à la rechercher dans une véritable tradition ; & à combiner enfemble les difpofitions, les évene-mens, & les conféquences, pour en juger fe-lon les principes de l'équité fuprème, qu'il doit avoir puifé dans la fource de la Revélation Divine.

Puifque tout le Genre humain eft dérivé d'un feul pere, qui obtint prefque auffitôt la pri-mauté fur fa femme; il eft hors de doute qu'il a eu foin de fes enfans, & qu'il a pourvû à leur fubfiftance, & à leur éducation. C'eft lui qui gouverna d'abord fa famille ; car fa com-pagne trop prévenue par le commandement im-mediat du Créateur, de lui refter foumife, ne

doit

doit pas avoir entrepris de le contrecarer si tôt.
Cela n'est venu qu'après.

Le Gouvernement d'un seul, est ce que le
Grecs ont apellé, *Monarchie* : & la force du
mot n'en dit pas davantage, quoiqu'on ait
voulu distinguer après le Gouvernement *Monarchique* du *Patriarchique*. Celui-ci , dit-
on, n'étoit le Gouverneur de ses enfans, que
parce qu'il étoit leur pere. Le Monarque, ne
l'est pas naturellement de ses peuples. Mais
puisque le Patriarche ne gouvernoit pas moins
ses domestiques, & ses esclaves, quoiqu'ils ne
fussent pas sortis de lui ; la différence, ou distinction supposée, s'évanouit aussitôt d'elle
même.

Pendant tout le tems qui précéda le Déluge
universel , il n'y a aucune trace d'autre forme
de Gouvernement, que le Patriarchique, pas
même chez les enfans rebelles, descendus de
Cain. Après la prémière catastrophe générale,
Noé resta le seul pere, & nouvelle source du
genre humain. Il eut trois enfans, & 16
petits fils, qui eurent chaqu'un une nombreuse
postérité ; & qui restèrent assemblés dans la
pleine de Senaar, jusqu'à la cinquième génération, à laquelle ils se partagèrent, en conséquence de la confusion des langages.

Ce Phénomène prophétique marque admi-
rablement bien, que du moment que les hommes prétendent convenir d'eux-mêmes, par une
assemblée générale, pour prendre quelque ré-
solution : il faut bien que les langues se confon-

dent ;

dent, & que les différentes opinions faſſent échouer l'entrepriſe. En effet depuis ce tems-là, on n'oſa plus rien entreprendre de pareil; & cela eſt devenu enfin également impoſſible ; qu'il eſt extravagant & inutile. Le Conſeil même des fameux Amphictions en Grece, quoique d'une très petite province, n'eut jamais aucun bon ſuccès, dans la ſuite. C'eſt au Tout-puiſſant qui connoît ce qu'il a fait dans les hommes, ce qui leur convient, & qui les aime avec une tendreſſe, & une puiſſance paternelle, à leur marquer, & préſcire ce qu'il leur faut; & ce qui eſt poſſible, & avantageux parmi eux.

Comme Noé vecut 350 ans après le Déluge, & que ſelon le texte hebreux, dont je me défie beaucoup, la diſperſion des hommes arriva 130 ans tout au plus après ce baptême univerſel; ce Patriarche auroit vû ſes enfans ſe partager 220 ans avant ſa mort; & ſon gouvernement déchiré tout d'un coup, ſans en conſerver que la moindre partie. Malgré l'improbabilité qu'il y a dans ce détail, & qui eſt parfaitement reparée par les Septantes : il eſt fort prudent, de ne point fonder ſur un fait, où l'on veut queſtioner. Ainſi nous nous retrancherons ſur ce qui arrive néceſſairement par la génération humaine, même de nos jours ; ayant poſé une fois pour toutes, un prémier gouvernement Patriarchique, d'où nous verrons couler infailliblement, toutes les différentes formes de Gouvernement politique, qui ſe ſont ſoutenues parmi les hommes. L'invention & le raiſonnement

humain

humain a bien voulu faire plusieurs expériences, qui ont toujours mal réüssi. Il a fallu enfin revenir à ce que le Créateur avoit indiqué par la nature.

CHAPITRE VII.

Posons d'abord qu'un Patriarche eût dix enfans, dont chaqu'un en produisît autant, & toute la famille vint à se former de cent onze personnes toutes mariées, selon la loi naturelle. Chaqu'un de ces petits fils, supposons encore, eut dix enfans, de sorte que la famille s'augmentât jusqu'à mille cent onze personnes, toutes sorties du même unique pere, qui gouvernoit toujours en chef sa famille. Enfin ce n'étoit pas impossible, que de l'origine du monde, le même Pere pût voir encore tous ses arrières petits fils mariés, & procréer dix enfans chaqu'un; en sorte que cette prémière famille devint sous ses yeux, nombreuse de onze mille cent onze personnes, & autant de femmes, ce qui revient à 22 mille ames; quoique le plus ou le moins dans le nombre, ne fasse rien à l'objet, que je me propose.

Il suffit de comprendre, que le prémier unique pere, devoit gouverner ses enfans, selon ses connoissances, & ses tendresses naturelles envers eux, & qu'on fait augmenter sans cesse en descendant. Je doute qu'on convienne d'a-

bord

bord, que ce bon Patriarche eût fur tous fes arrières petits fils, la même autorité, qu'il avoit du commencement, & pendant leur jeuneſſe, fur fes propres enfans. Je ferois même porté à croire, qu'il partageoit volontiers le foin de tout ce menû peuple, avec ceux qui en étoient les peres immédiats. Il avoit fans doute befoin de leurs confeils, & de leurs perfonnes, pour fe repofer fur eux, presque de tous les foins, qui l'auroient accablé à fon grand âge. Mais qui oferoit revoquer en doute, qu'en agiſſant ainfi avec fes enfans, il y en eût plufieurs qui ofaſſent lui faire refiſtance, lorsqu'il trou- voit à propos d'ordonner quelque chofe par lui- même? Quand même on en auroit trouvé quelqu'un de rebelle, le refte auroit fuivi le refpeét, & la foumiſſion duës à leur commun pere, ce qui revient au même.

Enfin le bon Patriarche vient à mourir: & peut-être même auparavant fon grand âge, & fes infirmités, le firent retirer tout à fait des foins d'une fi nombreufe famille. Quoiqu'il en foit: voilà donc fes dix enfans, tous également freres, & chefs d'autant de familles, qui reftent aſſemblés, & depuis leur naiſſance, accoûtu- més de vivre enfemble, & de gouverner avec une intelligence reciproque, leur poftérité. Quand même chaqu'un d'eux n'eût pas hérité des mêmes maximes de leur commun pere, & renonçât à tous les avantages de la fociété de fes freres: il n'eft pas à préfumer que la plû- part en fit de même, & trouva convenable de don-

donner des exemples pareils à fes propres enfans, & à tous fes defcendans.

Voilà donc j'ofe dire, démontré que huit ou dix
peres, riches de deux mille defcendans chaqu'un,
reftent enfemble à la tête de leurs familles, qui
forment déjà un peuple nombreux. Or de-
meurant enfemble, il falloit convenir dans les
maximes de la fociété, & de la concorde; per-
féverer dans l'unité du même objet; & rendre pourvû de tout le néceffaire, content, &
heureux, autant qu'il eft poffibl., tout leur
peuple.

Mais comme il n'arrive que trop des accidens
qui attaquent les principes, & les directions les
plus fages, & les plus utiles, au grand dommage de la fociété; il falloit fans doute, con-
fulter enfemble, & s'en rapporter à l'avis qui
feroit connu le meilleur; car l'affaire devenoit
commune à plufieurs égards. Voilà donc un
Confeil politique, que la nature propofe, &
qu'elle affemble elle-même: dans lequel, je
crois écouter les harangues fraternelles, fur les
incidens & les avis propofés; fur le profit ou
le dommage général: & l'unique texte allegué,
ce feroit l'exemple, ou les fentences de leur
commun pere. C'eft-là l'unique Code, & l'autorité naturelle, & primitive, qu'on pouvoit
alleguer, fans qu'il y eut aucune convention
préalablement établie, ni d'autre invention humaine, pour l'introduire, & le faire valoir.
Cela découle par néceffité, de la forme de la
génération, & de la multiplication humaine.

 L'art

L'art ne vient qu'après la nature; & tout ce qu'on peut demander d'elle, c'est de l'imiter. Très souvent même la copie ne vaut pas l'original, quelque imparfait qu'il soit devenu.

Or pendant que cet ordre-là continue; voilà l'ainé des dix freres, qui vient aussi à mourir, & laisse dix enfans. Que faire pour lors? Si tous ses dix enfans entrent dans le conseil avec leurs neufs oncles, qui restent: toujours l'intérêt de la seule famille des neveux, l'emporteroit sur celui de tous les autres ensemble, & une seule famille prevaudroit à toutes. Ainsi rien n'est plus naturel, que d'apeller l'ainé des neveux, comme le plus proche aux Oncles par son âge, & par son expérience, pour l'introduire comme égal, dans le Conseil des anciens; & y faire valoir à la place de feu son pere, les droits & les intérêts de toute la branche ainée, & d'y repréfenter tous ses propres freres.   Voilà le droit d'ainesse assez bien indiqué par la nature même; ainsi que la Revélation n'a pas manqué de le dire.   Voilà pour la prémière fois un chef moral proposé, & une subordination morale pratiquée naturellement pour le bien de la société, parmi des personnes parfaitement égales entr'elles.   Enfin voilà un chef d'ordre, & un commencement de Hiérarchie naturelle, fondé uniquement sur l'âge, selon la force du mot; sans qu'aucune invention humaine s'en mêle.

Achevons ce prototype.   Le second Oncle vient à mourir après. Pourquoi ne suivra-t-on pas

pas la même règle; puisque les mêmes principes, & les mêmes raisons subsistent, aussi-bien
que les mêmes personnes? On ne sauroit guères douter, qu'on n'en fît de même à la mort
du second, du troisième, & de tous les autres
Oncles, jusqu'au dernier. Pour lors les cent
neveux, n'ayant plus aucun de leurs peres,
rentrent dans leurs droits naturels de paternité,
& par conséquent sont les maîtres de former
un Senat de cent personnes, s'ils veulent; ou
bien de continuer à s'en rapporter aux ainés de
leurs branches, s'ils sont contens de leur gouvernement, auquel ils s'étoient accoûtumés.

Je ne déciderai point ce qui soit plus proba-
ble. Il me suffit que la nature toute seule m'ait
conduit jusques-là, pour connoître la Monarchie, & l'Aristocratie naturelles: l'une toujours
un peu mêlée avec l'autre, & s'aidant reciproquement, pour le bonheur des peuples. En
effet si le prémier pere avoit besoin du sécours
de ses enfans, & devoit se décharger sur eux
d'un grand nombre de soins; tout de même
après sa mort, ses enfans pour consulter entr'eux, & pour régler leur société, devoient réconnoître parmi eux quelqu'un qui représentât
un chef d'ordre, soit par rapport à l'âge, soit
par rapport au mérite personnel, qui donna
plus de crédit, & d'autorité qu'aux autres.

C H A-

CHAPITRE VIII.

Jusqu'ici on ne sauroit comprendre originellement aucune trace d'autre sorte de Gouvernement politique, que le Monarchique, &
l'Aristocratique. L'un & l'autre, qu'il soit elec-
tif ou successif, n'importe. Cela ne change rien
à la forme: mais que les déliberations en dernier resort, appartiennent à tous les chefs de
famille, ou à tous les citoyens, & au peuple,
cela n'a jamais rien valu; & ne sauroit avoir
lieu parmi les hommes, que dans une situation
extrème, & délabrée. Anacharsis a décidé fort
laconiquement, que dans la Démocratie, les
sages proposent, & les sots décident. Il paroît
même que la Démocratie est contraire à la nature, puisqu'il n'est pas vraisemblable, que tous
les arrières petits fils, chefs de leurs particulières familles, voulussent s'élever contre leurs
peres, & attenter à l'autorité paternelle, pour
se mêler du Gouvernement, & donner l'exemple de la Démocratie.

Mais rien ne paroît plus décisif, pour connoître le véritable penchant de la nature humaine, que la considération de la forme du
Gouvernement politique, qu'elle a constamment
adopté & suivi depuis son origine, jusqu'au
tems de Thesée, où l'on remarque pour la prémière fois dans le monde l'idée d'une Republique

blique en Grece. Pendant la fuite de presque quarante fiècles on ne trouve parmi les hommes, dans tous les païs peuplés, que le gouvernement d'un feul, foit fous le nom de Patriarche comme parmi les Hebreux & les Scythes; foit fous le nom de Roi, même dans les plus petites villes, dans toute autre Nation.

Ce qu'on dit de la République de Crete, inſtituée par Minos, n'étoit qu'une Monarchie aſſiſtée, & fortifiée par un Conſeil, & un Senat; auſſi-bien que le Gouvernement de Lacédemone; & à peu près comme Romulus avoit établi à Rome, en inſtituant le Senat. Eſt-il poſſible que tout le genre humain ne ſe ſoit jamais aviſé, pendant près de quatre mille ans, d'inſtituer une Republique; & que pour cela, il ait fallu décrier les Rois, par des cataſtrophes les plus horribles de cent petits Tirans? Cela n'eſt même arrivé, que dans un petit coin de l'Europe; & tout le reſte de trois parties du monde connu, n'a jamais penſé à cela. On vient enfin de connoître le reſte; & on n'a jamais trouvé aucune trace d'autre Gouvernement que Monarchique. Il faut donc tomber d'accord, que la tradition, & les exemples anciens, n'avoient rien fourni de meilleur à l'humanité.

Il ne faut pas non plus oublier, qu'aucune Republique ne fut durable, & qui il n'y en eut pas une, où il n'eût fallû faire des fréquens changemens, pour continuer. Sans cela on n'en parleroit dans l'hiſtoire, que comme des phé-

phénomènes paffagers.　Pour peu qu'on confidéré Athenes, Rome, & Venife, on conviendra
que leur durée n'eft qu'une apparence, ayant
toutes de tems en tems changé l'effentiel de la
forme de leur gouvernement; & c'eft par là
qu'elles de font foutenues des fiècles.　Toutes
les autres Republiques ne paroiffent que comme
des éclairs dans l'hiftoire;　& celle de Gennes
n'a pas moins changé de forme que les autres;
outre que fa médiocre étendue, & fa fituation
l'ont fouvent mife à couvert des grandes revo-
lutions dont elle étoit menacée.　C'eft aux
Suiffes & aux Hollandois de nouvelle date, à
donner s'il eft poffible, des exemples différens.

A la vérité on fait grand bruit, fur l'inftitution de la Republique des Hebreux, qu'on prétend établie par Moyfe, à l'occafion qu'il infti-
tua les feptante deux juges fubalternes, par le
confeil de Jethro dans le defert.　Dieu qui
voulut bien approuver cette inftitution, pour
décharger & foulager Moyfe, n'a que trop précifement marqué fa volonté, par la fucceffion
des Juges, & par la prédiction des Rois, qui
entroient trop manifeftement dans l'économie
divine, *ante conflitutionem mundi*.　En effet
y a-t-il rien de plus manifefte, & parlant, contre l'exiftence de la prétendue Republique d'If-
rael, que de voir une fuite presque regulière
de Juges, qui déclarent la guerre de leur propre mouvement, qui affemblent le peuple, qui
fe mettent à la tête des armées; qui font la paix,
comme bon leur femble; qui jugent le peuple

en

en dernier refort; & qui ne font eux-mêmes
élûs de perfonne fur terre, ni reconnus, ou in-
ftallé par le prétendu Sanhedrin, auquel ils
n'ont jamais témoigné aucune dépendance, ni
foumiſſion? Apelleroit-on cela une Republique? Flave Joſeph a ſi bien reconnu la force
d'un tel raiſonnement, qu'il n'oſa donner au
Gouvernement primitif des Hebreux, aucun des
noms connus parmi les Nations; & n'a pas
craint de l'apeller Théocratie, nom tout nouveau & fans exemple parmi les autres peuples.
Il raiſonne même là-deſſus avec tant de force,
qu'on ne fauroit en disconvenir.

Tout cela trouvera fa place, & j'en parlerai
en fon lieu autant, que ma petite activité le
permettra. Il fuffit à préfent de connoître que
parmi le Genre humain, depuis fon origine &
pendant la fuite de presque quarante ſiècles,
les hommes n'avoient connu d'autre Gouvernement politique, que la Monarchie; & que non
obftant tous les défordres, les cruautés, & les
tirannies d'un grand nombre de Monarques, on
n'a jamais penſé de changer cette unique forme;
quoique le Genre humain ne manquât pas de
perfonnes parfaitement éclairées, & d'excellens
Philoſophes, parmi les Caldéens, les Egyptiens,
& les anciens Perfans, & les Giranofophiſtes.

En fuivant la force du raiſonnement humain,
à qui tout feul je n'oferois me fier jamais, je
fuis perfuadé qu'on pourroit fort bien démontrer, que ſi tous les hommes étoient auſſi par-
faits que les Anges; il ne leur conviendroit
d'au-

d'autre Gouvernement, que la Monarchie. Plus ils s'approchent d'un état si parfait, plus elle leur convient; & ce n'eſt qu'au défaut de la Monarchie, que l'Ariſtocratie peut avoir lieu quelque tems, pour le bonheur des peuples, & pour aider & ſécourir les Monarques.

Ce n'eſt pas pour flatter le Roi mon maître, ni pour faire honneur à ma patrie, & à mes an-cêtres Ariſtocratiques, que je penſe de cette fa-çon-là. J'abandonnerois l'un & l'autre, du moment que la vérité divine ſe préſenteroit pour manifeſter le contraire: mais c'eſt-elle-même qui parle ainſi, par l'ordre naturel, & par la tradition univerſelle, & qui a bien voulu en décider tout de même par la Revélation re-connue de tous les gens de bien.

CHAPITRE IX.

Rien ne me paroît plus preſſant, & plus dé-monſtratif pour perſuader, que le Gouver-nement d'un ſeul, tire ſon établiſſement d'une autorité toute divine, que de conſidérer tout ce que le raiſonnement humain a inventé, pour le combattre, & l'infirmer dans l'eſprit des hommes. Non ſeulement il a toujours échoué dans cette entrepriſe: mais il eſt parvenu par le plus rude, & plus obſtiné contraſte, à dé-montrer également ſa propre foibleſſe, & la

force

force furnaturelle dont le Tout‑puiſſant in‑
veſtit, & ſoutient les Monarques.

Voici en abrégé tout ce que les plus fins ont
penſé, & publié pour perſuader, que le Gou‑
vernement d'un ſeul, eſt impoſſible parmi les
hommes. J'avois même été ſéduit autrefois là‑
deſſus, par les préventions héritées de mes
ancêtres, & par les maximes généralement ré‑
pandus dans ma patrie Ariſtocratique. Je n'en
ſuis revenu, que par la force de la vérité ema‑
née de la Revélation, qui m'a fait réfléchir aux
déſordres & malheurs qui accompagnent néces‑
ſairement tous les Gouvernemens republiquains,
du prémier relâchement de l'obſervance la plus
rigoureuſe des loix.

D'abord que la famille & la poſtérité d'un
Pere s'augmente; la nature même, dit‑on,
apprend, qu'il ne ſauroit remplir tous ſes de‑
voirs, envers ſes petits fils, ſans partager avec
ſes propres enfans, ſes domeſtiques, & avec des
étrangers mêmes, en qualité de précepteurs, &
adminiſtrateurs, les ſoins naturels, & néceſſai‑
res, pour l'entretien, la direction, & la bonne
éducation de ſa poſtérité. Sans cela, non ſeu‑
lement ſes petits fils, & arrières petits fils,
reſteroient ſans aucune éducation; mais ſans
ſubſiſtance auſſi, puisque l'une autant que l'au‑
tre, dépend d'un ordre exact, d'une juſte di‑
ſtribution, & d'une connoiſſance inceſſante des
beſoins particuliers d'un chaqu'un. Que s'il
eſt impoſſible à un Pere, de remplir tout ſeul
tous ces devoirs; il l'eſt bien plus à un Roi,

pour

pour tout ce qui eſt indiſpenſable à un grand peuple. *Qui nimis probat, nihil probat.* Tout Pere qui n'eſt pas ſot remplit tous ſes devoirs, avec tant ſoit peu d'aſſiſtance: & tout Roi ſage les remplit également, par une aſſiſtance un peu plus grande: & tout le raiſonnément va en fumée.

On ajoûte, qu'un Pere n'a pas ſeulement les devoirs de pourvoir à la ſubſiſtance, aux néceſſités, & commodités de toute ſa famille: mais auſſi de l'inſtruire, la conduire, l'encourager, & la corriger également par la voix, & par l'exemple. Tout Pere donc, pour le moins, lorſqu'il vieillit, n'eſt rien moins qu'en état d'accomplir tout ſeul tous ces devoirs-là, qui demandent une aſſiduité, & un travail corporel très péſant, lorſqu'il a plus beſoin de répos, & de tranquillité.

Quand même il ſeroit dans un âge robuſte, & vigoureux; tous ces devoirs-là ne ſont pas moins accablans, pour une perſonne toute ſeule qui ne ſauroit ſe paſſer d'une inquiétude, & d'une peine continuelle, à laquelle perſonne ne ſauroit reſiſter longtems. Cependant un Pere eſt porté à cela par la nature; & les douceurs de l'affection naturelle, qui l'y engage envers ſes propres enfans, en diminuent infiniment le poid, & en rendent mille fois plus aiſé l'accompliſſement. Ses enfans mêmes, & ſes petits fils ne ſont pas moins inclinés par la nature, à la dépendance, à la ſoumiſſion envers leur Pere, & à ſe rendre ſouples & faciles, à tout ce

qu'il

qu'il demande d'eux. Un Roi n'a, dit-on, aucun semblable fécours. Il ne tient rien de la nature qui l'attâche à fes peuples ; & ce ne fauroit être que par réfléxion, ou par intérêt, qu'il en prendroit foin : mais ce qui eft plus encore, c'eft que tous les foins, que les Monarques prennent de leurs peuples, lors même qu'ils font les plus innocens & falutaires, paroiffent toujours attenter à leur liberté naturelle, & contraindre & géner les intérêts des particuliers, qui ne s'y prêtent jamais volontiers.

Enfin, dit-on, quoique plufieurs euffent entrepris, en montant fur le trône, de s'y comporter en véritables Peres de tous leurs peuples; ils ont toujours été la dûpe de leurs meilleures intentions : & il ne fe paffe pas long-tems, qu'entrainés par une efpèce de néceffité, attâchée à l'incompetence de leur pofte, & féduits par leurs miniftres, ils font peu à peu *de leur bon plaifir* particulier, la loi, la mefure, & le droit, des actions, de l'honneur, des biens, & de la vie de tous leurs fujets.

C'eft là où le meilleur Monarque du monde, en doit venir enfin; & que toute Monarchie dégénere en Defpotifme, felon le moderne adouciffement, ou en Tirannie, felon l'expreffion du moyen âge. Les Grecs du meilleur fiècle ont indifféremment apellés Tirans, ceux que nous apellons Rois légitimes, les plus doux & benins,

N

aufli.

aussi-bien que tous ceux qui ont usurpé & envahi le trône, & s'y sont comportés avec la dernière cruauté, & perfidie.   On prétend que la Monarchie ne borne point les Rois, pour être plus l'un que l'autre, & que la différence ne dépend, que de l'inclination naturelle, & des circonstances, où chaque monarque peut se trouver.

Sans m'arrêter à refuter ici tous ces paralogismes, je crois devoir uniquement réfléchir, que tout cela n'a point empêché, que la Monarchie se soutienne constamment parmi les hommes; & que si même quelque part on en a interrompu la suite; cet exemple n'a rien valu, pour toutes les autres parties du Monde, & là aussi où le gouvernement Republiquain avoit pris racine, il fallut en revenir tôt ou tard à la Monarchie.

Il ne faut pas dire, que cela soit arrivé par une violence extérieure, puisque personne ne peut ignorer, que toute Republique n'est tombée que de soi-même, & que la seule corruption intérieure, a donné lieu aux étrangers de l'abattre enfin pour toujours. Car ainsi qu'il fut dit ci-dessus, toute Aristocratie peut bien être un bon & véritable Gouvernement; particulièrement lorsqu'elle seroit établie aussi sagement qu'à Venise, où l'excellence de ses loix incomparables feroit croire presque impossible, qu'elle dût jamais périr.   C'est véritablement un chef d'œuvre, si on la considére dans la perfection de ses maximes politiques, & dans les arrangemens qu'on a pris pour la perfectionner, ainsi que nous aurons lieu d'en parler plus d'une fois; car sans contredit elle surpasse de beaucoup toutes les Republiques les plus anciennes. On ne sauroit assez déplorer la foiblesse humaine, qui ne permet pas de pouvoir prévenir, qu'il ne se glisse peu à peu, tels relâchemens & défauts, qui l'entraînent enfin dans les plus grands malheurs. C'est ce qu'il n'est pas possible de reparer, que par des violens remedes, dont l'application n'est pas moins difficile que dangéreuse; car il y va toujours de la forme du Gouvernement, ainsi qu'on le voit par l'institution des Dictateurs dans Rome.

La Monarchie n'a rien à craindre de ce côté-là, & n'est jamais exposée à des si grands revers; car du moment que le plus cruel Tiran vient à mourir, on n'a qu'à lui donner un successeur plus humain, pour que tout soit accommodé, sans aucun danger, ni dommage des peuples, & de l'Etat. C'est là aussi un des plus grands avantages du Gouvernement Monarchique.

CHA-

CHAPITRE X.

Ce que j'ai confidéré jusqu'ici, n'eft pas pour faire rejetter abfolument le raifonnement humain; car au contraire c'eft par le même rai- fonnement, que je fuis parvenu à toutes ces connoiffances, pour en former un difcours fui- vi. Mais en même tems je crois qu'on en doit avoir affez, pour ne pas s'y fier, & s'en rap- porter à lui feul, y ayant toujours trop du pour & du contre, avec lui.

En effet après avoir raifonné à perte de vue, fur la fociabilité, & fur la fociété humaine; les uns ne fauroient rien trouver qui autorifât la Monarchie; & les autres n'y trouveroient peut-être que cela, pour fixer le bonheur des hommes, autant qu'il eft permis ici bas. Les uns & les autres, quoique diamétralement op- pofés, s'apuyeroient fur le raifonnement, & comme il arrive à la guerre, combattroient par les mêmes armes, fans qu'elles foient capables d'affurer jamais la victoire, qui ne dépend que de l'adreffe, de la Tactique, de la valeur, & des accidens. La victoire même ne décide pas de la juftice de la caufe; car elle ne dépend rien moins que de cela: & je ne hazarde rien à foûtenir, que les raifonnemens humains font précifement les armes dont la nature à pourvû
les

les hommes presque de leur naiſſance, pour ſe défendre, & s'il le faut, quelquefois prévenir par l'attaque ceux, qui oſeroient entreprendre de nous inſulter, & de forcer les retranche-mens de la juſtice à notre égard.

Chaqu'un a les mêmes armes ; un peu plus, un peu moins de bonne trempe, polies, & ri-chement ornées, ou ſimples & quelquefois rouil-lées encore : mais c'eſt la force du bras, la chaleur du cœur, le ſangfroid à la tête, & ſur tout une main ſuprème, qui donne la ſupériorité aux uns, & l'infériorité aux autres; ſans cepen-dant prétendre décider par là du droit, de la juſtice, & de l'équité. Il n'arrive que trop, qu'un mauvais raiſonneur remporte l'avantage ſur le plus ſenſé, par l'influence de la préven-tion, de l'autorité, & de la cabale.

Quand même on n'auroit jamais hazardé la doctrine, qui met la ſouveraineté des Etats dans les peuples, il étoit bien naturel d'y par-venir, par toutes les propoſitions, que les Ju-risconſultes modernes plus renommés, ont poſé pour baſe de toute la Politique. Cependant l'abſurdité d'une telle doctrine paroît manife-ſtement & palpablement, par la ſeule réfléxion, que c'eſt tout de même, que de mettre la puis-ſance paternelle dans les enfans. Y eut-il ja-mais un abſurde ſemblable ? Je ſai fort bien, qu'on ſe donnera la torture, pour forger des diſtinctions ſcholaſtiques, à fin d'échapper par

ces

ces faux fuians des prifes invincibles de la vérité : mais c'eft autant de perdu, que toutes ces
pitoyables défaites.

Le Genre humain a commencé par un feul
pere, à qui la nature apprit à gouverner fes
enfans, qui étoient pour lors l'unique peuple
au Monde, & qui n'exigeoient pas moins d'être
conduits par des juftes règles d'Economie, que
de Politique.   Ce prémier Pere n'eft mort,
qu'après que fa famille étoit infiniment aug-
mentée, pour peupler le Monde.   La néceffité
a contraint fes enfans de fe féparer ; & pour
lors un gouvernement général ne pouvoit avoir
lieu.   Il fallut en faire plufieurs, fur le même
modèle ; car la féparation fe fit par familles,
fous leurs chefs naturels.   Si donc la doctrine
de la fouveraineté des Etats dans les peuples
doit avoir lieu aujourd'hui, & fe reconnoître
comme la bafe effentielle de tout gouvernement politique ; tout de même devoit-elle fubfifter dans les prémiers fiècles du Monde ; &
par conféquent les enfans étoient les dépofitai-
res naturels de la puiffance paternelle, fur leur
propre pere.   Quelle extravagance, & quelle
abfurdité !

Quand même on voudroit fortir des bornes
de la nature, & recourir à la violence, & à
la corruption, qui l'a toute bouleverfée ; on
n'en feroit pas plus avancé : car fi un Tiran &
conquérant par la guerre eft réüffi à opprimer
fes

ſes voiſins oſeroit-on dire, que la ſouveraineté fût alors dans les eſclaves? Or par l'hiſtoire,
nous ne ſaurions comprendre d'autre origine
des gouvernemens politiques, que les deux ci-
deſſus, également disfavorables à la ſouveraineté des peuples.

Sans toucher à préſent à l'événement deThe-
ſée par rapport aux Atheniens; je ne manque-
rai pas de conſidérer, que ſoit par la mort pré-
maturée d'un pere, ou par le maſſacre d'un
conquerant, les enfans auſſi-bien que les eſclaves, rentrent, dit-on, dans leur liberté, & in-
dépendance naturelle. Mais comment rentrer
dans un droit, qu'on n'avoit pas auparavant?
Peut-être en peut-on acquerir de nouveaux, en
différentes manières, ſoit par donation, ſoit
par contract, ſoit par conquête. 'Qu'on diſe
un peu ce qui en eſt, dans les deux cas ſuppo-
ſés? Je l'ayoue: je ne ſaurois y rien comprendre de ſemblable. J'ai vû dans toute la primitive Egliſe chrêtienne, les peuples conjointe-
ment avec le clergé, élire leurs Evecques, ſans
qu'on ait jamais imaginé que la puiſſance ou le
Miniſtère Epiſcopal, ſoit originellement dans
les peuples. J'ai vû que Moyſe a bien ordon-
né aux tribus de choiſir ſix hommes chaqu'une
parmi elles, pour en former ſeptante deux
juges, ſous lui; ſans la moindre apparence,que
chaque perſonne de toute tribu, eut le droit
de ſe juger de ſoi-même, auquel elle ait renon-
N 4

cé

cé par cette élection expreſſement ou implicite-
ment. Je vois bien ce qui eſt dit; (Num. XI, 25.)
Que *deſcendit Dominus per nubem, & locutus
eſt ad eum, auferens de ſpiritu qui erat in
Moyſe, & dans ſeptuaginta viris.*

CHAPITRE XI.

Mais qu'il me ſoit permis de pouvoir un peu
dévélopper l'équivoque, car l'illuſion générale n'eſt pas ſans excuſe.

Rien n'eſt plus commun, que d'entendre
prôner la liberté naturelle, également partagée
parmi les hommes ; de ſorte que toute créature
qui nait avec la figure humaine, en ait ſa part
aliquote, pour le dire en mathématicien. Cependant ſi l'on demande en quoi conſiſte cette
liberté, on ne ſauroit répondre, ſi non qu'elle
conſiſte à déterminer ſa propre volonté par un
principe intérieur, indépendant. Cette unique
réponſe, qu'on peut donner, eſt fort ſujette à
caution : car tout homme a beau déterminer ſa
volonté pour agir, ou pour ne pas agir, ni
ſouffrir ; que ſi les forces, & les moyens lui
manquent, comme il n'arrive que trop ; tout
homme tomberoit dans la folie de vouloir l'impoſſible ; & pour n'être pas ſot & miſérable, il
lui faut vouloir ce qu'il peut, & ce qui lui eſt
permis, & rien davantage.

Malgré

Malgré cela, on s'obſtine à ſoûtenir que dans le fond, la nature humaine a cette liberté originelle; & j'en tombe d'accord, ſi l'on prend bien garde à ce qu'on va dire. On s'imaginera que c'eſt un Philoſophisme outré, & peut-être une application forcée, celle que je vai faire; mais tant ſoit peu qu'on s'aprivoiſe avec la vérité, on ſera contraint d'avouer, que la nature humaine n'a d'autre liberté au monde, que la capacité de participer à la ſageſſe divine, qui ſeule eſt véritablement libre de ſa nature, car elle connoît & peut tout ce qui eſt beau & bon. *Si filius vos liberaverit, vere liberi eritis.* (Ev. Iohan. VIII, 36.) C'eſt le même dont il fut dit: (Proverb. VIII, 15.) *Per me Reges regnant, & legum conditores juſta decernunt.* Voici la raiſon: *meum enim eſt conſilium & aequitas, mea eſt prudentia, mea fortitudo.* Voilà ce que c'eſt qu'être libre. Tout le reſte n'eſt qu' illuſion, ainſi qu'on va le démontrer.

Aucune créature humaine ne ſauroit être libre du moment de ſa naiſſance. Elle ne ſauroit le devenir de ſon enfance; car elle ignore tout à fait, & du moins ne ſauroit-elle faire aucun uſage de ſon principe intérieur, indépendant, pour déterminer ſa volonté. Si un enfant veut quelque choſe, ce n'eſt que par inſtinct, ou par l'influence de la nourrice. Dès qu'il s'avance à la virilité; il ne ſauroit rien acquerir, que par l'éducation, & par la réflé-

xion,

xion, s'il apprend d'en profiter par les règles, qu'on lui doit avoir aprises traditionellement, ou de vive voix, ou par l'exemple. C'est donc par là qu'il acquiert cette liberté tant vantée; & qui n'appartient aucunement à la nature humaine, qu'autant qu'elle est inclinée & capable d'y participer, par la connoissance de la verité, & l'impression τῆς δυνάμεως αὐτῆς, & qui se manifeste par les habitudes de la Vertu.

Qu'on considère les hommes dans l'état d'innocence, tout comme dans l'état de corruption; dans le fond c'est toujours la même chose. La différence essentielle de ces deux états, c'est que dans l'innocence, tout conspire à nous rendre éclairés & vertueux; de sorte que l'on n'a qu'à suivre toujours le penchant naturel, sans jamais y trouver d'obstacles. Au contraire, parmi la corruption, les obstacles à chaque pas se présentent. Il faut se contraindre, & se gêner incessamment. Il faut combattre, surmonter, & bien loin d'être secondé & poussé par la nature, on est presque aussitôt rebuté par le contraste perpetuel, & abattu enfin tout à fait par le sentiment de notre propre foiblesse, & d'une totale impuissance.

Quiconque n'aime point à se faire illusion, doit convenir que tout homme, dans l'état corrompu où il se trouve; si on l'abandonne tout seul à soi-même, il faut de toute nécessité, qu'il tombe dans une constitution cent fois pire,

que

que celle des brûtes, environné comme il est de mille besoins, plus qu'eux, sans les moyens d'y pourvoir de lui-même. Ce n'est que par la société qu'on y satisfait; & qui en même tems les multiplie à l'infini; sans être dans son fond assez riche, pour satisfaire à tous les besoins qu'elle produit, lors même qu'elle suffit à satisfaire ceux que la nature demande. Est-ce là cette liberté naturelle, dont on fait tant de parade? Sans la sagesse, tout n'est qu'esclavage parmi les hommes. Plus les ténèbres sont épaisses pour eux, plus la prison, & les chaines sont dures & indissolubles: & le petit enfant quoique héritier, ne diffère point de l'esclave, durant tout le tems qu'il manque de connoissance, & de force; car c'est là uniquement ce qui donne la liberté.

Il ne faut pas séparer la connoissance de la force, pour être véritablement libre, car *qui addit scientiam, addit & dolorem.* (Eccles. I, 18.) Et rien n'est plus chagrinant, que de connoître ce qu'il faut faire pour notre propre bonheur, & pour le bien commun; & voir en même tems, que tous les moyens nous manquent pour agir, selon une volonté éclairée & juste. C'est delà que la patience, l'humilité, & la longanimité sont des vertus parmi les honnêtes gens, qui connoissent du moins ce qui leur est convenable, & ce qui est convenable aux autres, quoique les forces & les sécours leur manquent, pour l'effectuer.

On

On ne sauroit donc disconvenir, que parmi les hommes, ceux qui sont les plus éclairés, & le mieux pourvûs de moyens pour agir selon leurs justes connoissances, sont toujours les plus libres ; & que par là même ils acquèrent un droit naturel de conduire & de soûtenir les aveugles, & les impuissans d'entre leurs semblables. Or qui oseroit revoquer en doute, que les Princes souverains soyent les plus pourvûs de moyens, pour faire valoir ce qu'ils connoissent de juste, & d'équitable ? Ainsi leur institution ne sauroit être que divine, pour travailler au bonheur des peuples, & les rapprocher le plus qu'il est possible de l'état par lequel on marche à la perfection.

Auroit-on quelque peine d'avouer, que cette connoissance, & cette force, n'est rien moins que commune entre les hommes ? Parmi la corruption générale de la nature humaine, peut-on s'attendre plus des uns que des autres ? Il faut, j'ose dire, quelque chose de surnaturel, pour former, & conserver un véritable Monarque, quoique la main invisible employe bien souvent des moyens d'un extérieur naturel.

On s'est presque déchaîné contre l'Empereur Justinien, sur ce qu'on trouve dans sa Nouvelle CV. qu'il dit en parlant des Empereurs ; ἥγε καὶ αὐτὰς ὁ Θεὸς τὰς νόμας ὑποτέθεικε ; νόμον αὐτὸν ἔμψυχον καταπέμψας ἀνθρώποις. C'est à dire que *Dieu a soumis les loix aux Monar-*

ques,

ques, ayant envoyé ici bas la loi vivante ou animée parmi les hommes. Peut-être que sur la faute de quelque copiste, on a voulu attribuer une impiété à cet Empereur, comme ayant voulu dire que Dieu dans la perſonne même des Empereurs avoit envoyé aux hommes une loi animée. C'eſt pouſſer la mauvaiſe humeur au delà des bornes, contre un Prince du moins aſſez politique, pour ne dire rien de ſemblable de Neron, Domitien, d'Eliogabale, & de tant d'autres. Tout au contraire, par ce texte même il fait éclater ſa piété, ſe rapportant à la loi vivante que Dieu avoit envoyé ici bas aux hommes, dans la perſonne adorable du Sauveur; d'autant plus que cet ἔμψυχον νόμον a bien du rapport aux expreſſions des Conciles de Conſtantinople. Les Empereurs d'Orient affectèrent toujours de ſe faire conſidérer, comme les repréſentans & vicaires du Seigneur, comme les Papes l'ont prétendu depuis ce temslà. Les medailles, & les ornemens des Empereurs d'Orient, marquent préciſement, combien ces Monarques affectoient cet honneur.

Du reſte n'eſt-il pas évident que Dieu a ſoumis aux Monarques les loix ? Ne faut-il pas les faire valoir, les interprêter, les corriger, & les changer même, ſelon les tems, les circonſtances, & le beſoin des hommes; & pour le dire en un mot ſelon l'Equité ? A qui eſt-ce que cela doit appartenir ſi non aux Monarques ?
N'eſt-

N'eſt-ce pas là la ſignification naturelle du mot ὑπωτίθειχι ? On ne ſauroit ignorer, qu'il y a une Loi éternelle immuable de juſtice, qui eſt la ſource & l'exemplaire ſacré de toutes les loix humaines écrites ou non écrites : & qu'il y en a une ſupérieure encore Architectonique, qui impoſe de proportioner la juſtice à la foibleſſe & infirmité des hommes, & qui eſt la ſuprème loi d'Equité. Or cette foibleſſe & infirmité humaine étant dans un changement continuel & ſucceſſif ; il eſt indiſpenſablement néceſſaire de faire des règlemens continuels dans les loix humaines ; d'en abroger même quelques unes ; d'en ſubſtituer d'autres, & d'en introduire de nouvelles. Qui aura le droit de faire ces changemens, ſi non celui qui eſt le dépoſitaire, le garant, & le vendicateur des loix ?

Oſeroit-on dire, que les peuples après avoir renoncé au droit de faire valoir les loix, ſe ſont reſervé le pouvoir legiſlatif ? La propoſition eſt ſi abſurde, que je ne m'arrêterai pas longtems à la refuter. Les mêmes Juriſconſultes qui ont donné là-dedans, fondés ſur leur liberté naturelle ; ſeroient bien embarraſſés de prouver, que les enfans également libres que leurs peres, puiſſent être obligés, par des loix que leurs peres leur auroient impoſées, ſans leur conſentement. Ne convient-on pas généralement, qu'un Pere ne ſauroit obliger ſes

enfans,

enfans, ni leur impofer aucune condition one-
reufe, fur les biens qu'il ne leur transmet pas
originalement; & fans compenfer l'obligation
par des avantages réels ? Mais après tout, ce
pouvoir legislatif, feroit-il dans les hommes également partagé ? Seroit-il dans le
plus grand nombre? Et pourquoi ? Seroit-il
dans le petit nombre, des plus fages, & des
plus vertueux? Mais qui eft le juge fûr & connu de la fageffe, & de la vertu des hommes?
Enfin on ne fe tirera jamais de ces contradictions, qu'en reconnoiffant le pouvoir legislatif, émané de Dieu feul, & confié aux Miniftres qu'il a lui-même caracterifé, & autorifé
parmi les hommes.

CHAPITRE XII.

Ce n'eft pas que tout ce qui paffe par la
main des hommes, ne foit fujet à fe cor-
rompre, & à produire pour lors des effets pernicieux. Cela eft fi véritable, que la loi même toute jufte, & néceffaire qu'elle eft, a paffé
pour être presque la caufe de fa transgreffion.
(Ad Rom. IV, 15.) *Lex enim iram operatur.*
Vbi enim non eft lex, nec prævaricatio. (ibid.
V, 13.) *Vsque ad legem enim peccatum erat in
mundo : peccatum autem non imputabatur,
cum lex non effet.* (v. 20.) *Lex autem fubin-*
trauit

trauit ut abundaret delictum. (ibid. VII, 7.) Quid ergo dicemus? Lex peccatum est ? Absit. Sed peccatum non cognoui, nisi per legem. Nam concupiscentiam nesciebam, nisi lex dice-ret: non concupisces. Occasione autem accepta, peccatum per mandatum operatum est in me omnem concupiscentiam. Sine lege enim pec-catum mortuum erat. Ego autem viuebam sine lege aliquando, sed cum venisset manda-tum, peccatum reuixit. Ego autem mortuus sum, & inuentum est mihi mandatum quod erat ad vitam, hoc esse ad mortem : nam pec-catum occasione accepta per mandatum, sedu-xit me, & per illud occidit. Itaque lex qui-dem sancta, & mandatum sanctum, & justum, & bonum. (Ad Gal. III, 24.). Itaque lex pædagogus noster fuit. Aucun Juriscon-sulte au monde n'a mieux devéloppé l'embarras de cet article important ; & ce qu'on vient de marquer sur la loi, répand une lumière écla-tante sur tout ce qui a rapport aux Monarques, qui ne font pas moins d'inftitution divine, que la loi même.

Il faut donc bien prendre garde, qu'on ne nous en impofe, par des certains raifonnemens, que la fourberie des uns, & l'ignorance des autres, ont rendu communs, & répandus pres-que par toute l'Europe. On objecte inceffam-ment un prétendu Despotifme, pour décrier la Monarchie, en lui attribuant une fignification arbitraire, qui n'a aucun rapport avec le mot

grec

grec *διανοια*, d'où il eſt dérivé. La pratique
n'eſt pas moins contraire à l'interprétation qu'
on lui donne, que la Théorie; & j'ai quelque
raiſon de douter, qu'en effet le *ſtat pro ratio-
ne voluntas*, ne ſoit qu'un jeu de mots, tout
à fait vuide de réalité, inventé pour en impoſer au monde.

S'il y a une volonté parmi les hommes,
c'eſt aſſurément celle de parvenir enfin à un
état parfaitement heureux. Du prémier Monarque, à la moindre Entité humaine ſur terre,
ce même & unique ſentiment-là, eſt ineffaçable du cœur humain. Il ne ſauroit donc y
avoir d'autre différence, que ſur l'objet, &
les moyens de nous rendre heureux; ſur lesquels on peut bien ſe tromper, & on ne s'é-
gare même que trop. L'égarement & l'illuſion en propoſant quelquefois des objets de
ſimple apparence ſans acune réalité, ne laiſſe
pas d'y faire particulariſer, & déterminer cette
volonté générale: mais dans cette même déter-
mination faite par l'erreur qui nous ſéduit, le
fond de la nature, n'en eſt pas pour cela ren-
verſé. La volonté intime qui ne ſauroit s'effacer, preſſe toujours inſtancablement après le
véritable bonheur de l'humanité & pouſſe
même à travers de toute ſorte d'illuſions, & par
tous les égaremens imaginables, au grand but,
dont elle n'a pas encore une idée claire & di-
ſtincte. On n'a qu'à l'éclairer, & à la tirer de
l'égarement où elle eſt, pour comprendre ce

O

qu'elle

qu'elle veut véritablement, & où elle se porte
par sa propre nature, qu'elle ne sauroit jamais
démentir.

Peut-on comprendre après cela, qu'il soit
possible, que la raison nous éclaire, & nous
persuade du véritable objet d'un bonheur ac-
compli, & des moyens sûrs & aisés d'y parvenir ; & qu'il soit en même tems permis d'y op-
poser sa volonté ? On peut bien par une forte
illusion, ne pas écouter tranquillement la raison, la contester avec fureur, & se prévenir
contre ses attraits : mais de la laisser agir sur
nous, de s'en laisser persuader, & de déterminer sa volonté contr'elle ; c'est ce qui doit
paroître une contradiction manifeste. Ainsi je
ne comprens pas dans la sphère des possibles,
qu'aucune volonté, sans quelque raison, puisse
avoir lieu dans la nature ; si ce n'est l'originale
volonté d'être heureux, qui précéde toutes les
réfléxions humaines, & à laquelle il n'est pas
permis de renoncer jamais.

Un Monarque peut bien ignorer qu'il ne
sauroit être heureux, qu'en faisant le bonheur
de ses peuples, & s'égarer là-dessus : mais le
peuple est bien plus sujet à donner dans la folie
d'attribuer au caprice du Monarque, ce qui est
effectivement la production d'un raisonnement
le plus juste, & le plus nécessaire ; quoiqu'il
ne soit pas juste de le rendre public. Bien
souvent ne seroit-il pas compris, & peut-être
l'effet en seroit traversé. Rien n'est plus fréquent

quérit, qu'un tel phénomène, entre les malades & leur medecin; entre les enfans, & leur pere; entre les soldats & leur capitaine; entre les peuples & leur souverain.

Je ne saurois me passer de faire ici une réflexion, qui me parût toujours fort équitable, & que je ne saurois pardonner à tant d'auteurs de l'avoir négligée. Les Rois ne sont pas inombrables ni infinis sur la Terre, & sans doute leur nombre est bien le moindre de toutes les autres conditions humaines. Il ne seroit pas donc si difficile de distinguer entr'eux les monstres de cruauté & d'injustice, d'avec les précieux exemplaires d'équité, de douceur, & d'affection envers leurs peuples. Le plus grand nombre seroit après pour ceux qui ne sont memorables, ni par des grandes vertus, ni par des grands vices. A la vérité ce sont les violens qui ont le plus fait parler d'eux; car la nature humaine se ressent bien plus de la moindre chose qui la blesse, que de tous les biens & les plaisirs qui lui sont convenables: mais dès qu'on regarde au criterium de la vérité, cette déformité tant exagerée, disparoît à peu près comme un songe au reveil.

Il est même très rare, que les plus méchans entre les Princes, n'ayent aussi fait de grands biens, que leur cruautés ont empêché de mettre sur leur compte: mais qu'un juste juge ne doit pas oublier. Peut-être même que le plus sage, & le plus doux des monarques est quel-

quoique

ques fois tombé dans des excès déplorables ;
mais on pardonne à celui-ci, & on ne sauroit
rien épargner à l'autre.

Pendant même les Gouvernemens les plus rudes, & les plus barbares, oseroit-on faire quelque comparaison entre ceux qui ont souffert du
Tiran, & ceux qui ont passé paisiblement &
gaiement leur vie, sans rien perdre de tous
leurs biens, & de leurs honneurs ? Tout le peuple
peut bien avoir été étonné & intimidé par les
spectacles de plusieurs malheureux : mais toujours le grand nombre en a été quite pour la
peur. Aucun Tiran n'a été de longue durée,
car le Ciel a toujours veillé pour le renverser
au plus vite.

Enfin si l'on se donnoit la peine de faire les
mêmes recherches, dans tous les Gouvernemens
Republiquains, comme on les fait sur les Monarques ; on y trouveroit bien plus de tirannies, de violences, & d'injustices, qu'on n'en
trouve sous les Tirans ; & qui ne sont point
passagères. Athenes, Lacédemone, & Rome,
entre les anciennes Republiques, fournissent des
exemples de violation de foi, d'injustices, & de
barbaries criantes. Depuis ce tems-là, le peu de
Republiques qui ont succédé, n'en ont pas
moins fait ; & la plus sage, & la plus moderée
de toutes, a donné lieu à l'histoire d'en rapporter d'effroyables, particulièrement avant que
l'Aristocratie y fut établie. Si un certain ouvrage faussement attribué au fameux P. Paul
Sarpi

Sarpi, étoit effectivement de cet auteur, & qu'il fût suivi par les Inquisiteurs d'Etat à Venise; ce seroit un terrible témoin de la tirannie republiquaine: mais ce livre-là peut fort bien se joindre au Prince de Macchiavel; & regarder l'un & l'autre, comme des productions inventées, pour donner de l'horreur des Republiques, & des Princes souverains, aux peuples. Indigne objet d'un honnet-homme.

CHAPITRE XIII,

Si je voulois même analiser les anciens Etats Democratiques, je pourrois former des argumens très forts, pour prouver, que la vertu n'y parût presque jamais, que comme un éclair, & le vice y a très souvent prévalu, à moins qu'une certaine rudesse, & severité n'ait contenu le peuple pour quelque tems dans son devoir. Encore cela ne s'est-il jamais fait, que par des contrastes horribles, & par verser beaucoup de sang, & exiler grand nombre de citoyens. Apellez-vous cela un Gouvernement où la vertu est le principal ressort? Il est même évident par l'histoire, que sans la Dictature parmi les Romains; sans les Rois dans Crete & dans Sparte; & sans quelques Pericles, & quelques Aratus, les Republiques auroient bien hâté leur fin tragique.

Ce

Ce feroit au moins une vertu bien foible, celle qui auroit agi dans les Republiques, puifqu'elles ont fi mal foutenu leur moment heureux. Les Ariftocratiques qui ont duré le plus, ont enfin dégéneré en Oligargie, le plus vilain des Defpotismes, ou font tombées dans l'Oclocratie, toutes les fois que le Senat s'eft rendu trop nombreux: car le grand nombre le remet auffitôt à niveau du menû peuple. Où trouvez-vous qu'on ait également évité ces deux écueils, fans donner tantôt dans l'un, & tantôt dans l'autre, & n'en revenir qu'avec perte. Ce n'eft pas un petit bonheur de s'être foutenu dans la fuite de quelques fiècles, à travers de plufieurs délabremens, ce qui n'a pû même arriver jamais aux Etats purement Democratiques.

Il faut avouer, qu'en comparant peuple à peuple, dans fon afpect le plus favorable, pas un ne fauroit égaler célui d'Athenes, fur le rapport de l'hiftoire la plus averrée. Les plus fages, & les plus polis des Romains, en tombent d'accord: & cependant ce peuple généralement très eftimé, qui poffedoit bon nombre de particuliers très polis, & vertueux, n'a pû s'empêcher de changer plufieurs fois de forme de Gouvernement, & même en changeant, ne s'eft foutenu que fort peu de tems. Sa décadence & fa ruine, n'eft furvenue que de fa corruption interne, ainfi que chez toutes les autres Republiques. Les Extérieurs n'ont jamais

mais

mais prévalu sur elles, que par leur propre délabrement.

Celles qui se sont le mieux soutenuës, dans la suite de tous les siècles, n'ont pas été assurément les plus vertueuses ; mais celles qui n'ont pas entrepris de s'aggrandir, & qui ont conservé sagement leur liberté, quasi par composition avec les plus forts. Qui ont cherché de rendre service à tous les Princes, sans leur être à charge le moins qu'il fut possible; & qui ont pris part tantôt avec les uns, tantôt avec les autres, & se tirant toujours honnêtement les prémières de la dance, pour donner du poid au parti pacifique. Mais cette conduite qui n'a rien de commun avec une générosité d'héroisme; ne sauroit convenir à des peuples qui se ressentent enfin de leur bonne fortune; & qui boivent à longs traits l'idée d'une liberté imaginaire. Ils ne sauroient se contenir longtems dans cette louable modération; car leur vertu franchit les bornes immancablement, & dégénere aussitôt en vice. Un peuple de Nobles, c'est comme un peuple de Rois. Tout cela n'est bon, que pour les Contes des Fées.

Ajoûtons que si la connoissance de la nécessité, de la convenance, & de l'utilité des Loix, est ce qui fait leur force; il n'est pas étonnant, qu'elles soyent si foibles dans les Republiques, où les peuples en général ne sauroient avoir les talens & le loisir de pénétrer

dans

dans un détail semblable. Pour que les effets
persuadent, il faut observer les Loix quelque
tems; & pour lors le peuple en juge passable-
ment. Or en attendant les loix étant foibles,
font guères observées, & leur mérite reste
presque toujours équivoque. Voilà pourquoi
il y a tant de changemens dans les loix Ré-
publiquaines; même dans celles qui appartiennent à la forme & à la subsistance du
Gouvernement politique. Il n'y a point de
lien qui tienne contre l'inconstance des peuples, à moins que la Religion n'intervienne
pour garantir les loix. Licurgie fixa pour un
tems les Lacédemoniens par la religiosité du
Serment, jusqu'à ce que l'habitude rendit plus
aisée & familière l'observance des rudes loix,
qu'il leur imposoit. Minos & Numa y firent
intervenir les Dieux, & le Legislateur d'Athenes qui comptoit trop sur la seule Philosophie,
eut le chagrin de voir échouer ses loix, de son
vivant même.

Les loix tiennent bien plus dans le Gouvernement Monarchique, quoiqu'elles paroissent
dépendantes de l'avis d'un seul, & d'un seul
qui change successivement, & n'est que fort
rarement d'accord avec son prédécesseur. Cependant le Monarque, & le petit nombre de
ses Ministres, en connoissent mieux la convenance & l'utilité, & protègent les loix avec
une religiosité, qui manque rarement son effet. Ce qui surprend d'abord, c'est que les

conquerans mêmes, pour la plûpart, au lieu d'impofer leurs loix, & leurs coûtumes aux vaincus, ont volontiers adopté celles du païs conquis, & temperé par là presque toujours la rigueur de leur conquête. Toutes les fois qu'ils n'ont pas rendu le peuple efclave, ils lui ont préfervé l'honneur de fes loix, & de fes coûtumes. Par tout où les Romains ont envoyé des Colonies, ils établirent leurs loix, & contraignirent les plus grandes villes d'y confentir, par l'adreffe de leur communiquer les droits, & les honneurs de Citoyens Romains; ce qui ne fit aucun bien durable à leur Empire.

Pour moi je ne vois par tout de vertu, que dans les Legislateurs, & les interprêtes des Loix, foit dans les Republiques, foit dans les Monarchies, & dans les Despotismes. Je trouve par tout que la foumiffion populaire ne dépend que de la Religion, & de l'habitude. La prémière en perfuade la néceffité, & la feconde rend aifée l'exécution. Je n'ofe point fouiller dans l'intérieur de certains peuples, que l'Auteur de *l'Efprit des Loix* paroît favorifer; mais l'hiftoire de France ne marque pas affez, que les Parlemens ayent contribué à la tranquillité, & au bonheur du Royaume. S'il y en a autres parts, je fai bien qu'il feroit embarraffé de prouver par l'hiftoire ancienne, & moderne, un fort plus favorable. Enfin par tout où on s'approche par le grand nombre, de la condition populaire, on n'y voit que

trou-

trouble, & qu'inconstance. Le bonheur n'est guères plus durable que les saisons. Quoique pour former une Orquestre, il y ait toujours un choix bien marqué : il est indubitable, qu'aussitôt qu'elle devient trop nombreuse, les dissonances sont inévitables.

CHAPITRE XIV.

Dans les Republiques, les recompenses & les peines sont très foibles, & très incertaines. Les fautes qui sont les plus communes, & par là même les plus dangereuses, sont guères ou foiblement punies, car le peuple appréhende toujours d'y être compris avec le grand nombre : & les crimes qui n'appartiennent qu'au petit nombre des scelerats, y sont punis avec atrocité, car on ne se croit pas généralement sujet à les commettre. Or la cruauté ne vaut jamais rien dans le suplice; car elle excite toujours la pitié; & ce n'est pas rare qu'un peuple poli sauve par compassion un criminel, pour s'épargner l'horreur du spectacle. Chez les barbares on s'y accoûtume, & l'exemple devient aussitôt inutile. C'est tout le contraire dans les Etats Monarchiques. Je m'en rapporte à l'expérience, aussi bien qu'à l'histoire.

Quant aux recompenses, le peuple a toujours de la peine d'en faire: car il paroit persuadé,

suadé, qu'il s'arrache à lui-même, ce qu'il donne aux autres; & n'est guères d'humeur à marquer des différences entre les sujets qui le composent. Il prétend toujours à l'égalité. Il porte fort haut le devoir de citoyen envers la patrie, pour couvrir sa honte dans le refus qu'il fait d'avouer le mérite des actions les plus héroïques. Il en est frappé sur le champ, comme d'un éclair: mais donnez-lui deux jours pour se reconnoître, il change de blanc en noir; car il garde rarement le milieu. Quiconque ne se sacrifie pas pour lui, passe pour un traître; & si le sacrifice est fait, & qu'il ait bien réussi, lorsqu'on parle de l'avouer & de le récompenser, il vous dira, qu'on n'a fait que son devoir. Si vous ne réussissez pas, vous êtes un fot, ou un malheureux par votre faute.

C'est des Republiques Démocratiques, qu'est sorti dans le monde, le principe stoïcien: que la seule satisfaction de faire des actions louables, en doit être l'unique récompense; dont le surplus l'affoiblit. Foible excuse pour ne pas récompenser. Le Ciel ne nous a point appris cela, ni par ses doctrines, ni par ses exemples divins. Il ne diffère jamais ses récompenses, pour tout ce qui est même d'un devoir indispensable, que pour rendre la personne plus vertueuse, & plus digne d'une gloire assurée; quoique l'on tienne de sa source uniquement, les talens, la force, & le bonheur de toute action vertueuse. Ce n'est pas moins une

une juſtice parmi les hommes; car ſi le bien
qui dérive de l'action que vous faites, ſe répand ſur tous, par des effets réels & durables;
pourquoi tous ceux qui en profitent, ne vous
doivent-ils pas un bien équivalent, ou du
moins proportionné à celui qu'ils reçoivent?
Les louanges, les honneurs, & les avantages
ſenſibles, ne ſauroient ſe refuſer aux grandes
& belles actions, qui font le bonheur des peuples. Auſſitôt que les ſuites heureuſes en découlent auſſi dans la poſtérité, il n'eſt pas
moins juſte, que les honneurs, & les privilé-
ges dérivent auſſi dans la poſtérité de celui qui
les a faites. Voilà le principe juſte & véritable de la Nobleſſe, dans toutes les ſociétés dé-
barbariſées; mais dont le monde a infiniment abuſé: car il ne faut pas moins de juſte
proportion dans les recompenſes, que dans
les peines. Tout excès eſt vicieux: mais il
eſt moins dangereux dans les prémières, que
dans les ſecondes.

Pour juſtifier votre mérite, vous direz, que
tout autre citoyen pouvoit & devoit faire, ce
que vous avez fait, par le même droit de citoyen, & par amour de la Patrie: mais comme aucun autre n'a oſé de l'entreprendre, &
n'y auroit peut-être pas réüſſi; ainſi le droit
à la recompenſe, ne ſauroit vous être conteſté.
Mais quand ce raiſonnement ſeroit tout à fait
juſte, il ne s'en ſuivroit pas, que vous puiſſiez
prétendre à fouler le peuple, que vous auriez
ſauvé;

fauvé ; ni que vous ayez aucun droit de lui arracher la recompense. Vous n'auriez d'autre droit, que celui de la demander : & quiconque ne le fait pas, est un orgueilleux insultant, qui témoigneroit du mépris ou du chagrin contre sa Patrie, & contre tout ce qu'elle peut lui donner. La moindre reconnoissance monte à un prix infini, lorsqu'elle provient d'une Patrie qui avoue la dette. La vertu consiste tant d'un côté que de l'autre à donner un juste prix à l'action héroïque ou louable ; à le proportionner aux forces, aux circonstances, & aux conséquences ; & à n'en prétendre pas davantage. Il est vertueux de demander ce qu'on vous doit, & de ne pas insister davantage lorsqu'on vous refuse. Aussitôt que la recompense la plus juste, pourroit dégénerer en mauvais exemple, & avoir des suites pernicieuses pour l'Etat où elle se fait, c'est un devoir de s'en désister, & décliner modestement de la recevoir. Or toutes ces vérités sont autant de chimères, pour le peuple.

Les raisonnemens seront apparens tant que vous voudrez : je vous passerai même, qu'ils sont beaux & bons : mais aussitôt qu'ils sont contredits par l'expérience générale de tous les siècles, ils ne méritent plus qu'on s'y arrête. Bien de choses sont justes & très avantageuses pour une société d'hommes qui se portent bien : mais si par malheur la contagion se mettoit parmi eux, tout cela ne conviendroit plus, &

la

la société même feroit leur perte. On ne traite pas les hommes en santé, comme les malades & vous aurez bien de la peine à persuader, qu'un grand peuple ne soit pas une Société, où il y a de grandes maladies à traiter, & bien souvent contagieuses. Je ne sai pourquoi Mr. de M** a trouvé bon d'attribuer aux Republiques la vertu, & de la refuser au reste du monde. Rien n'est bon dans les Republiques que l'Aristocratie, dont la Democratie, & la Monarchie même ne sauroit se passer: car il faut par tout des Conseils, des Magistrats, qui ne subsistent point sans ordre, & sans choix. Si toute la différence ne consiste, que dans le droit de choisir les Conseillers, & les Magistrats, quel seroit le Gouvernement où le choix se feroit par les sorts, & les lots, ce qui n'est pas inconnu aux anciens, & aux modernes?

Oserois-je soutenir que le Gouvernement politique de la Société humaine, ne sauroit être qu'un seul: & que la triple différence imaginée par le Philosophisme des Grecs, ne change rien à la substance, & au bonheur des peuples? Une Tirannie qui foule la liberté naturelle, & qui rende les hommes successivement esclaves, ne sauroit subsister dans le monde. Les fols qu'on lie; les forçats qu'on met à la galère; les criminels qu'on enferme dans les prisons, tout comme les ennemis qu'on fait prisonniers de guerre; aussitôt qu'on le reconnoît pour un

mal

mal néceſſaire, n'ont plus de rapport avec la
Tirannie.   Mr. de M°⁸. prouvera peut-être
qu'il vaut mieux encore d'ôter la vie à ſon ennemi, que de le rendre tout à fait malheureux,
& de le rabaiſſer à la condition des bêtes :
mais pour le ſurplus il pouſſe trop loin ſes raiſonnemens : & ne ſe rappelle pas, que dans la
plûpart des actions humaines, il faut s'accom-
moder aux Loix générales, aux coûtumes des
tems, & des lieux où l'on agit.   J'en reviens
toujours là.   Les malades ſe traitent bien autrement que les perſonnes en ſanté.   L'Auteur
de l'Eſprit des Loix raiſonne toujours des
hommes, comme s'ils n'avoient ni vices, ni
vertus. Il ſe trompe fort. Les prémiers ſont
inſéparables du grand monde : & c'eſt du grand
monde qu'il faut parler.

On ne fait pas plus de tort aux fols & aux
forçats de les ſerrer dans les chaines ; qu'aux
Barbareſques & aux Pirates de les mettre à la
galère, où ils y mettent eux-mêmes tout le reſte
du monde.   Parmi les Nations policées, on
pourroit peut-être ſe promettre, que la liberté
qu'on accorderoit aux vaincus, n'auroit aucune
ſuite dangereuſe, car tout le peuple entier ſeroit cenſé d'en répondre.   Ainſi lorsqu'il ne
vous reſte rien à craindre, vous pouvez donner librement ; & la généroſité étant ſage, elle
devient un devoir, pour les honnêtes gens.
Mais une généroſité imprudente & téméraire,
n'eſt que pour les ſots.

C'en

C'en est tout de même à l'égard de la pitié & de la compassion envers les criminels. Aussi-tôt que ces malheureux, par une suite d'actions pernicieuses à la société, font présumer, qu'ils sont incorrigibles; & qu'en les épargnant, ou en adouciflant les peines, le mauvais exemple enhardiroit les autres; il ne faut pas héfiter à leur ôter la vie. Cela ne sauroit être trop tôt fait. Il faut sauver le total, par la recifion des parties corrompues & contagieuses. Si par hazard un innocent en souffre, ce n'est pas toujours le défaut du chirurgien. Pour-quoi après l'expérience de tous les siècles dans toute la Société humaine, voudrions-nous re-former cet Article-là ? Mr. de M**. apprendroit bientôt, que la douceur de son tempérament le séduit, s'il pouvoit une fois gouverner un peuple, le seul espace d'un mois. Mais cela même fait beaucoup d'honneur à la bonté de son naturel.

CHAPITRE XV.

Dans toute sorte de Gouvernemens politiques, il ne faut que la vertu pour établir, & pour observer les loix, tandis que les hommes sont hommes : & il faut la force & l'adresse par tout, dès que les hommes sont des enfans, dès qu'ils tombent malades, & bien plus lorsqu'ils deviennent des bêtes. Si le point d'honneur n'est pas une vertu, c'est une folie, qui ne mérite pas qu'on s'y arrête. A la vérité il y a quelquefois des folies assez générales, pour avoir une influence très manifeste parmi les hommes ; puisqu'il y a même des vices, qui produisent quelquefois des effets avantageux. Cependant ces effets ne sont que passagers, & pour reparer un plus grand mal ; car aussitôt que cela est fait, les conséquences changent, & deviennent tout à fait ruineuses ; ainsi qu'on le voit dans le Luxe, qui est bon quelquefois pour rendre les peuples industrieux, & faire couler les trésors des avares. Or la durée de tant de siècles dans les Gouvernemens Monarchiques, prouve, qu'ils sont fondés & soutenus par quelque chose de plus réel, que le Point d'honneur, que l'Auteur de l'Esprit des Loix, feroit fort embarrassé de trouver dans toutes les Monarchies du monde ancien & moderne.

Je ne crois pas non plus qu'on puisse revoquer en doute, que parmi les Etats Despotiques d'aujourd'hui, la plûpart des peuples sujets ne soyent généralement aussi bien pourvûs, divertis, & libres, que chez les Républiques. Vous n'avez qu'à interroger les Romains, les Russiens, & les Turcs mêmes. Les comparaisons sont odieuses, & ne se font que trop naturellement parmi les hommes, Or où les faits témoignent contre le raisonnement, il faut reformer celui-ci, & s'en tenir aux autres.

On fait grand bruit sur la liberté, qui paroît uniquement reservée aux Etats Républiquains : mais ce n'est qu'un Echo, qui retentit, des anciens rochers de la Grece. L'imagination en est frappée : mais aussitôt qu'on y réfléchit meûrement, on ne trouve plus qu'un grand vuide. La seule Republique de Venise, que je sache, a donné des marques d'une supériorité d'Esprit & de Cœur, à laquelle on n'a jamais atteint autres parts. On dit par proverbe, chez elle, que mille Nobles Esclaves commandent à des millions de personnes libres. Il faut la plus grande magnanimité du monde pour donner un air de vérité à ce paradoxe.

Selon l'institution de cette illustre Aristocratie, la Noblesse n'a jamais consenti à la moindre exception des Loix, mêmes les plus onereuses; ni à la moindre distinction extéri-

eure

eure de tout le reste des citoyens. Les Magistrats, & les Tribunaux supérieurs qui gouver-
nent, n'ont aucune recompense utile à se pro-
poser de droit ; & celle de l'honneur, qui n'
est pas toujours assurée, est mise au plus haut
prix. Les personnes les plus illustres par leur
sang, par leurs talens, & par leur vertu, sont
prêtes à tout moment de renoncer aux postes
brillans qu'ils ont mérité, & louablement rem-
pli, pour rendre un compte exact de leur conduite, à ceux-mêmes, qui quelquefois ne leurs
ressemblent pas. C'est beaucoup dire, que
l'honneur tout seul aye pour le moins, autant
de pouvoir parmi le Corps de la Noblesse Veni-
tienne, que les peines les plus cruelles par
tout ailleurs. Si cela n'est pas le véritable
point d'honneur, en quoi pourroit-il consister ?
Et cependant on est fort loin à Venise de toute
Monarchie.

Ce Corps également respectable & nom-
breux, (car je ne m'arrête pas à tous les individus,
où bien de défauts & corruptions, se sont glis-
sées avec le tems) doit avoir renoncé même à
la liberté naturelle, pour le Bien public. La
Noblesse ne sauroit pas même s'habiller à sa
fantaisie, ni se faire servir chez elle par caprice. Aucun ne sauroit s'exempter du service
public, à moins d'être malade, ou de prendre
le petit colet. Il faut servir aussitôt que le
Gouvernement l'ordonne. Il vous tire de la
campagne, de la ville, de vos propres affai-

res

res, & de vos plaifirs mêmes, toutes les fois qu'il le trouve bon; & ne confent pas toujours à vous fatisfaire, lorsque vous vous jettez vous même dans le Gouvernement.

Il n'eft point permis, à qui que ce foit parmi la Nobleffe, d'aller fervir une Puiffance étrangere, ni de chercher fortune ailleurs. Ce n'eft que par une permiffion expreffe, qu'on peut entreprendre un voyage hors des Etats; & quand même on l'auroit obtenue, on la revoque auffitôt qu'on le trouve à propos, fans qu'il y ait mot à dire. On veille avec un foin fcrupuleux fur les connoiffances, & le commerce de la Nobleffe avec les Etrangers, particulièrement lorsqu'ils ont la moindre odeur de Miniftère Public. Il n'y a point de droits dont aucun puiffe s'exempter; & les Inquifiteurs mêmes d'Etat, tout fuprèmes qu'ils font, ne laiffent pas d'être jugés par les Magiftrats ordinaires dans leurs affaires domeftiques. La moindre violence qui feroit du bruit, ne manqueroit pas deux jours après de faire defcendre l'auteur du pofte éclatant, fans qu'il pût y remonter de fa vie. Les plus fages & les plus vertueux, s'ils n'ont pas l'adreffe de perfuader par leur éloquence, fuccombent néceffairement au grand nombre, quelque pofte & quelque autorité qu'ils foutiennent. La raifon, le droit, le mérite, & l'éclat, ne tiennent point contre le plus grand nombre, auquel il faut non feulement céder auffitôt; mais d'abord que la re-

P 2

folution

folution eft paſſée, il faut ſe joindre à tout pour en faire valoir l'exécution, malgré qu'on en aye, & toute la perſuaſion intérieure qui la combat. Y a-t-il un eſclavage ſemblable ? Et cela eſt commun à toutes les Republiques.

C'eſt tout autrement pour les peuples. Auſſitôt qu'ils ne choquent pas ouvertement la douceur des loix : chacun peut vivre chez lui comme bon lui ſemble. On ne contraint perſonne à ſervir dans les trouppes, ni dans les Fermes; & on fait l'accueil le plus gracieux, à tous ceux qui veulent ſe pouſſer dans le ſervice public. Rien n'empêche qu'on n'entre dans les ſervices étrangers, à moins de quelque circonſtance particulière qui ſe faſſe remarquable; & toute l'Europe ne ſauroit déſavouer, que dans les Etats de Veniſe, on ne penſe, on ne parle, & on n'agiſſe auſſi librement, que dans tout autre endroit du monde, pourvû qu'on ne trouble point l'Etat, & qu'on ne ſcandaliſe le peuple.

Du reſte il arrive ici comme par tout ailleurs, que les perſonnes de bon ſens, & de probité, doivent obſerver une eſpèce de milieu en tout; & ſe garder d'attirer ſur elles les regards du grand Monde, ſoit en bien comme en mal: car par tout où il ſe rencontre des hommes, les vices qui les accompagnent de leur naiſſance, ne manquent pas de s'y rencontrer auſſi. Ceux qui s'imaginent de les brider par des loix, ſe trompent plus que les autres, & ſe ſédui-

ſent

sent eux-mêmes, ne faisant qu'empirer la Société, selon le fameux principe : *ultimur in vetitum.* Moins de loix, moins de crimes, & plus de liberté. Les Republiques sont les plus abondantes en loix, & par conséquence en transgressions. La Liberté prétendue n'y sauroit obtenir jamais plus d'étendue, que dans toute autre forme de Gouvernement ; & tout homme sincère en doit bien convenir, après y avoir réfléchi comme il faut. Vertu par tout, Honneur par tout, Force par tout, pour instituer, & conserver un Gouvernement qui puisse rendre heureuse la Société humaine,

---

I O B, XI, 12.

Vir vanus in superbiam erigitur : & tanquam pullum onagri se liberum natum putat.

F I N.

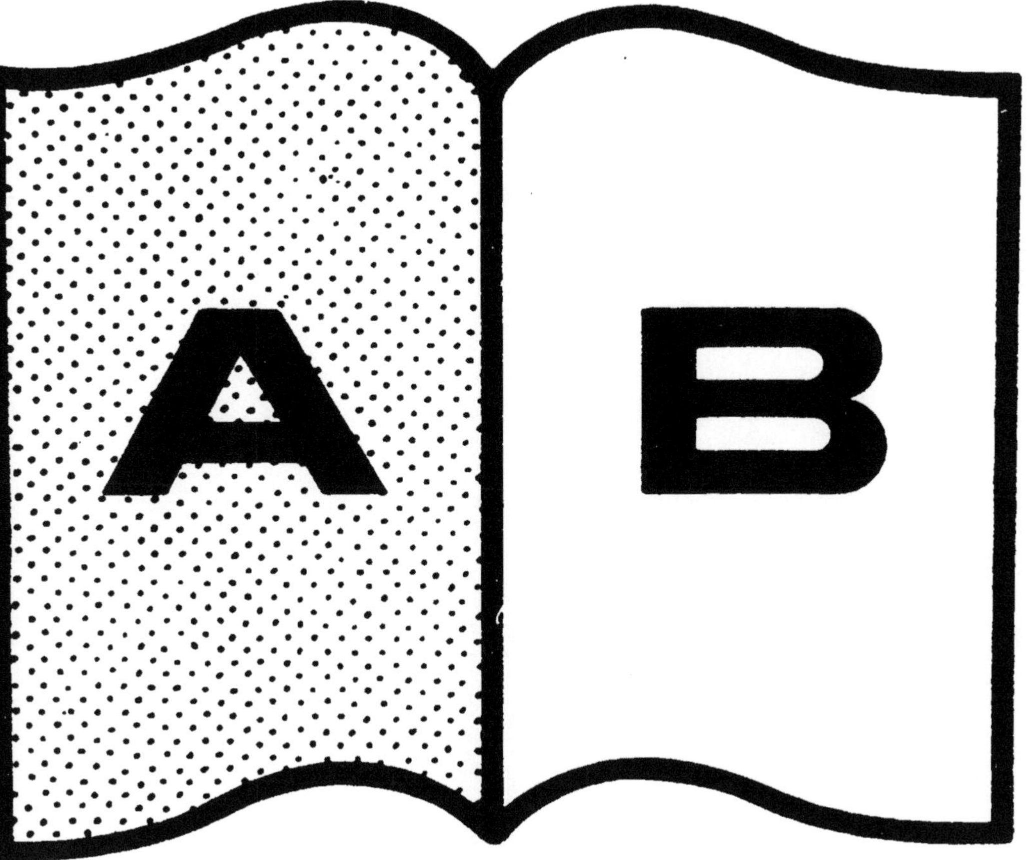

www.ingramcontent.com/pod-product-compliance
Ingram Content Group UK Ltd.
Pitfield, Milton Keynes, MK11 3LW, UK
UKHW020822120726
13693UKWH00002B/423